理想之家

BEAMS AT HOME 2

[日] BEAMS 著
郑晓蕾 译

新星出版社
NEW STAR PRESS

INDEX

INTRODUCTION

- 002 日下 拓哉
- 010 小谷野 梦衣
- 018 德长 敬一郎
- 026 宇田川 麻衣子
- 034 宫本 雅章
- 042 井上 真由美
- 050 芝木 纱代
- 058 西尾 健作
- 066 上山 惠司
- 072 堀越 贺宽
- 080 南云 浩二郎
- 092 水上 路美

- 100 岛田 华衣
- 108 城所 众平
- 116 大森 宪一
- 124 近藤 洋司
- 132 本间 征东
- 140 吉川 基希 吉川 俊子
- 150 泽田 理沙
- 158 木村 昌二
- 166 玖 兰心 (音译)
- 174 江口 裕
- 182 柴崎 智典
- 190 长塚 淳 长塚 理纱
- 198 犬饲 洋平
- 204 黑田 彩乃

212	太田 浩之	324	山下 裕亮
220	小岛 蓝	332	松井 圭太郎
228	伊藤 雄一郎 伊藤 裕子	340	高桥 一成
236	恩田 亮平	348	中田 慎介 中田 顺子
244	洼 浩志	356	吴 杰 (音译)
252	佐藤 嘉纪 佐藤 奈美	364	菊地 延
260	普安琼普·萨普莫 (音译)	372	坂口 响子
268	菊地 优里	380	德重 雪奈
276	权藤 良子	388	斋藤 辰德 斋藤 麻有
284	关根 阳介	396	川岛 康史
292	足立 章纮	404	狩野 崇
300	村田 律己	412	远藤 惠司
308	马场 知佐		
316	井户 健介	425	MY FAVORITE THINGS

INTRODUCTION

在"家"里做的事:清晨醒来,烧开水冲入现磨的咖啡豆;咬着吐司,给蕨类植物和仙人球随便浇些水;跟家人聊天,快速冲个澡,披上今天的衬衫。到晌午,晾晒的衣物唰啦啦地随风飘动,猫咪寻着阳光充足的地方团成一团。阳光徐徐移动。傍晚到家,从屋外看到屋内的灯光,孩子们跑到玄关前迎接;和家人相互问候着"我回来啦。""你回来啦。""今天吃生菜猪肉炖锅吧。"之后边想着周末去哪儿,边收拾滑板和野营用具。深夜,泡个热水澡,香甜入眠……浸透了人生每一天的那个场所,发生着各种故事。

"家",没有固定形态。日本买手店的先驱、致力于构建新世界的专业性集团BEAMS,它的员工呈现的136个"HOME",有欢声笑语,也有落泪伤怀。与家人和朋友聊天、争吵,收集喜爱之物,接受偶然邂逅的事物,抑或什么也不做……

我们都在这样生活。如此留下的生活痕迹,也自然而然地浮现出来。正如约翰·列侬曾说,人生是一门艺术。

OUR LIFE IS OUR ART

002

日下 拓哉

 | BEAMS 横滨东口
30岁 / 东京都世田谷区

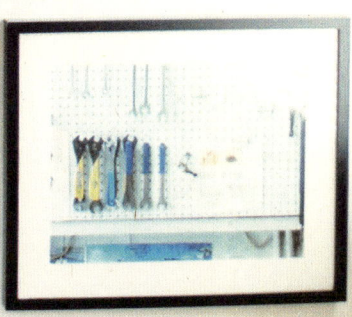

现如今，无论身处世界何处，与朋友联系都不是件难事。但若是真正的伙伴，就会希望能见面聊天，一起吹风，一起为相同的东西而感动。日下的房间里处处摆放着艺术品和自行车，这些物品与他在最爱的旧金山结识的朋友呼吸着相同的空气。定义符合自己风格的家居，或许正是定义自身之外的重要存在。

——生活方式中重要的主题是什么？
自行车和艺术。

——休息日喜欢如何度过？
七点起床去健身，骑自行车见朋友，晚上十点上床睡觉。

——最重视的时间？如何度过？
工作之外的时间。

——缓解压力的方法？
大吃特吃。

——请告诉我房间的主题和布置原则吧。
自行车相关&旧金山，房间里装着大量物品。

——最喜欢家里哪个场所？喜欢在那里做什么？
客厅。边喝咖啡边上网或看漫画。

——家里最珍爱的物品是？
照片。

——收集的东西或毫不犹豫就会买下的东西是？
旧金山自行车店的纪念T恤。

——给不收拾房间的人一个建议吧。
试着扔一次东西吧！！下定决心！！

——喜欢哪种时尚风格？
一般的就好。但喜欢穿有品位的衣服。

——每日穿搭中，你最爱用的单品是？
鞋子。

——简要概括，提升品位需要什么？
用心斟酌。断舍离。认真对待。审视使用时间的方法。

——加入BEAMS的契机是？
希望这辈子能做"设计师，服装店老板，摔跤手"。我不做设计师了，接下来就是服装店老板。说起服装店，我只能想到BEAMS！有下次机会就去做摔跤手。

——在BEAMS的最大好处是？
实现了许多梦想！

——迄今为止在工作中，印象最深刻的事是？
我很喜欢旧金山和自行车，MASH.Cadence的达斯廷·克莱因（Dustin Klein）可以称得上是这两方面的象征，为了邀请他来BEAMS举办艺术展，我去了旧金山与他本人见面。之后展览举办得很成功，我开心得热泪盈眶。真的非常感谢大家，除了达斯廷、朋友们，还有成就我梦想的BEAMS T的前辈和店里的同事！如果一个梦想实现了，就会想去做更牛的事情。

旧金山好友的摄影作品。这位好友曾在东京举办过展览。在日下被死飞车和街头文化所环绕的房间里,十分珍惜地挂着曾共事的达斯廷·克莱因的作品,以及在当地结识的朋友和艺术家们的作品。

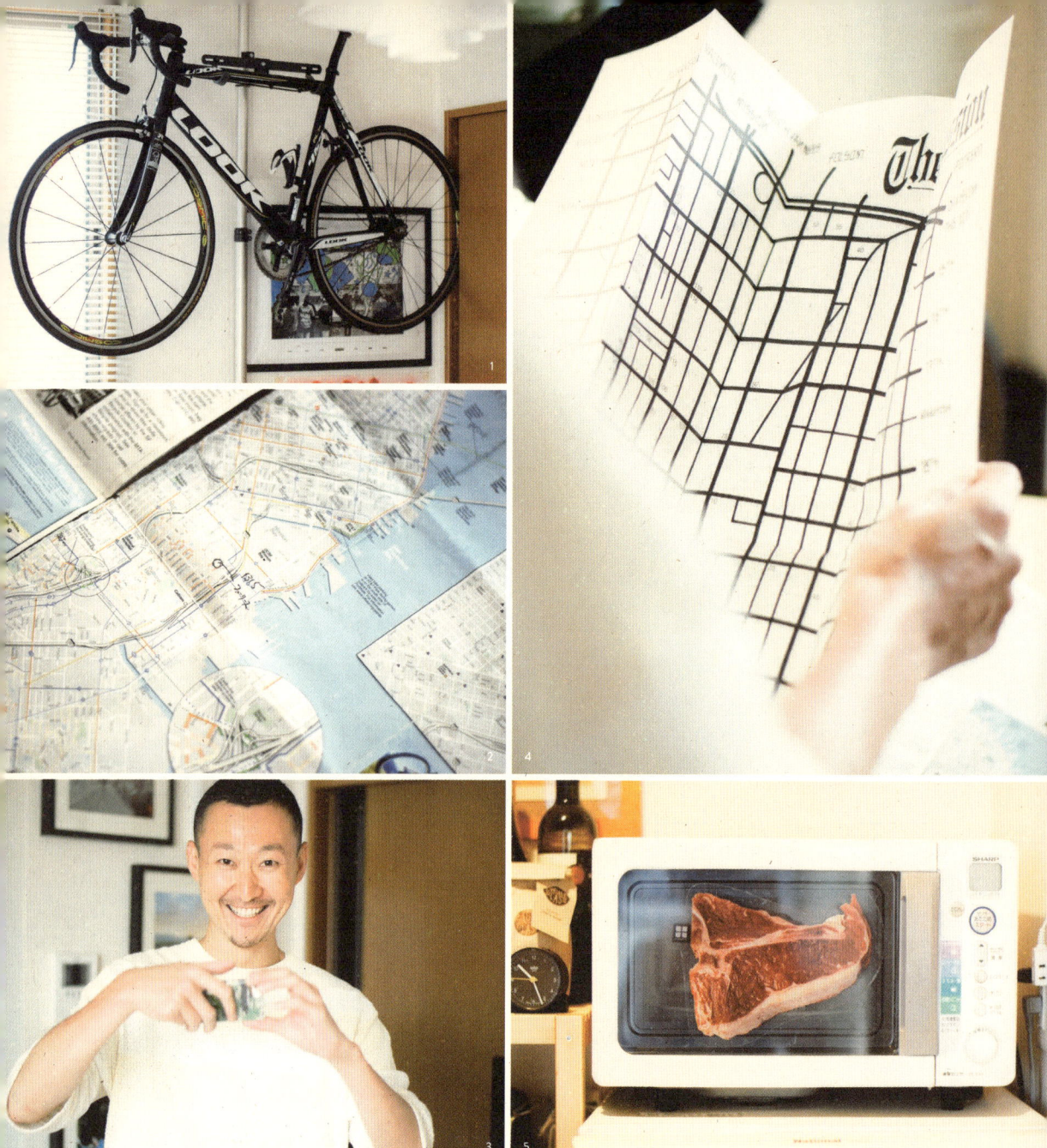

1.爱车被盗时朋友送的三角架。每年要去两次旧金山，去时也一定会带去。2.刚去旧金山时买的自行车地图。上面还有当地同伴们草草写下的电话号码，让他"有事随时联系"。3.日下自己制作的ZINE，几乎所有照片都是用iPhone拍摄。4.朋友看见他常年使用的地图，就给他推荐了这一份地图。到处都卖断货，最后去的那家店的员工把自己的那份给了他。迈克·杰安特（Mike Giant）的设计最酷。5.日下的厨房。他每天去健身，用餐也有讲究。微波炉上贴着一块肉排，就像某种象征。6.达斯廷设计的haroshi滑板被爱惜地挂在墙上，很有存在感。7.厕所里的纸架。小小贴纸尽显玩心。8.朋友MASH的马森（Massan）的照片，涂鸦艺术家佩兹（Pez）在上面施以创作，这幅作品非常珍贵。

6

7

007

8

房间的书架上整齐地摆放着与自行车相关的DVD，从国内外购买的ZINE，自己制作的ZINE等。立在旁边的滑板是很有设计感的珍品。这些物品都满载着日下与女朋友的回忆。

6

7

007

8

房间的书架上整齐地摆放着与自行车相关的DVD，从国内外购买的ZINE，自己制作的ZINE等。立在旁边的滑板是很有设计感的珍品。这些物品都满载着日下与女朋友的回忆。

MY PRIVATE
WARDROBE

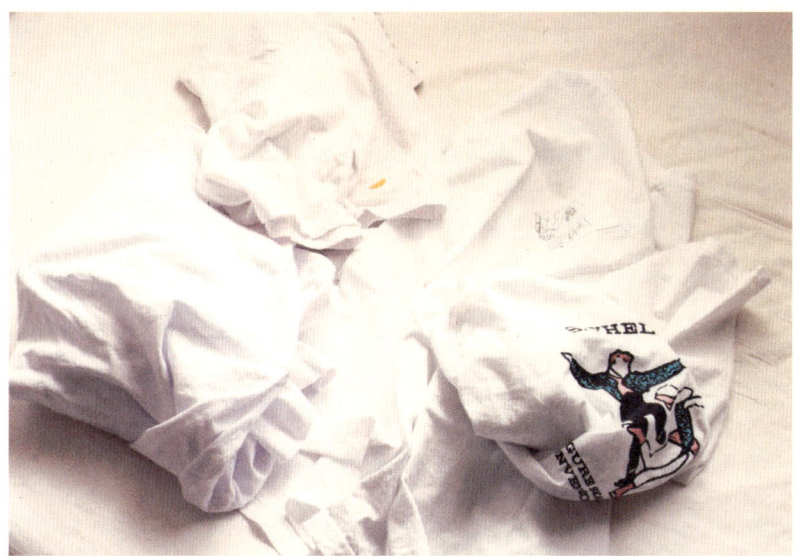

"洗练的帅气"是日下不可或缺的哲学,他的衣橱里是清一色的白色,几乎全是BEAMS经营的品牌。T恤是JACKSON MATISSE,SAYHELLO等。骑自行车和健身出汗时好穿易洗。日下说他"希望成为夏日穿白T恤的男人"。

常随身携带的爱用品。左起:折叠起来的自行车链条锁、便携保养工具,用来照相和当作地图的iPhone,在BEAMS购买的SINN特别定制款手表。他笑着说:"也想买其他的,但觉得还是要适合自己。"这款手表简洁的设计和耐用性很符合日下的风格。

011

能做的东西就亲手制作。小谷野家自始至终贯彻着这种率性风格，DIY的家具色调统一，备用木材和之前剩的边角料直接堆放在房间一角。一点点创造出二人专属的空间是一种乐趣，望着茁壮生长的植物是一种乐趣，品尝美味的料理是一种乐趣。仅仅是生活，也能让心中充满愉悦。

——生活方式中重要的主题是什么？
被植物和美食环绕。

——休息日喜欢如何度过？
认真做早餐，认真吃早餐。

——最重视的时间？如何度过？
尽量两人一起用餐。

——缓解压力的方法？
每半年一次海外旅行。

——请告诉我房间的主题和布置原则吧。
主题是"西海岸"，但有些跑题。自己能制作的东西就亲手制作。

——最喜欢家里哪个场所？喜欢在那里做什么？
坐在沙发上晒太阳。

——下一个希望实现的家的主题是？
简洁、少物的家。

——收集的东西或毫不犹豫就会买下的东西是？
空气凤梨、多肉植物、巨大的树木。

——喜欢的家居品牌（商店）是？
位于经堂的Rungta。

——给不收拾房间的人一个建议吧。
定期请人来家中做客。

——喜欢哪种时尚风格？
简洁、休闲款。

——喜欢用哪些时尚品牌来打造自己的风格？
BEAMS。

——室内装饰和时尚服饰的信息来源是？比如经常阅读哪些杂志或书籍，浏览哪些网站？
刊登夏威夷相关信息的书和杂志。

——简要概括，提升品位需要什么？
我也想向大家请教这点，在我看来，是"问、看、听、摸"。

——加入BEAMS的契机是？
我对BEAMS的员工、商品以及公司本身心怀憧憬。

——在BEAMS的最大好处是？
结识了许多给我鞭策和鼓励的好伙伴。

——迄今为止在工作中，印象最深刻的事是？
接待一位盲人女性顾客时，最后她握着我的手，感谢我。顾客主动握着我的手，让我十分开心，如今也记忆犹新。

今天是当厨师的丈夫准备午餐。小谷野说:"我们夫妻俩都喜欢美食和酒,所以会定期邀请客人。"常备美食的家中满是幸福的氛围。夫妻二人晚餐小酌也是每晚的乐趣之一。

014

1

2

1.敞亮的大窗让阳光洒满整个客厅,窗边有许多绿植。常去的位于经堂的商店是BEAMS的前辈告诉小谷野的,现在她也成了常客。2.今天的午餐由丈夫特别准备,主要以意大利菜品为主,有不用番茄的肉酱意面等。使用当季食材,以菜肴品味四季。3.冲绳陶器适合盛放各国料理,是小谷野在冲绳旅游时购买的。4.客厅的置物架也是亲手制作的。小谷野家有许多丈夫手工制作的家具,小谷野负责在上面装点植物和小摆件。5.夫妻二人都有工作,休息时间很难赶在一起。这天难得两人同时休息,于是精心准备菜肴,悠闲用餐。6.成为客厅亮点的装饰架也是丈夫DIY的,手艺精巧,与房间大小十分贴合,还可以用来遮蔽收纳空间。

公寓的客厅、餐厅和厨房无缝衔接,让人感觉十分宽敞。复式结构、有挑高也是小谷野租住这间公寓的一个原因。二楼用作卧室和储藏室。

MY PRIVATE
WARDROBE

小谷野衣橱中的衣物风格十分多样，从休闲装到名品应有尽有。牛仔裤是BEAMS有售的Sanca。她说"喜欢肥大宽松的短裤"。白色的牛仔裤是KAPTAIN SUNSHINE，同样在BEAMS有售。同在BEAMS购买的带"N.Y."和"L.A." LOGO的T恤是她的今夏最爱。

每日饰品。不问流行风向，大宝石总是搭配的重点。手表是HAMILTON，用第一笔奖金购得，如今也在使用，十分珍惜。羽毛元素的头饰购自PLUIE，以纤细设计之美著称。耳环在BEAMS购入。"喜欢的东西马上就会买下（笑）。"小谷野说。

018

德长 敬一郎

BEAMS 采购
31岁/神奈川县川崎市

开放式厨房,可以看见整个房间。餐厅一侧的墙上挂着摄影师森健人的作品,下面是德长在儿子1岁生日时画的画和他与妻子的纪念照等,小物品组合在一起,让整体装饰十分协调。

这是离市中心较远的车站,下车后就看到平缓坡道两旁的公寓和住宅。德长一家就居住在郊外这片令人莫名感动、心安的土地上。远远就听到孩子精力充沛的嬉闹声。踏进门就看到房间中符合年轻夫妇风格、不过分粉饰的内饰和各种风情的元素。自画像艺术作品也融入其中,点缀着独一无二的家庭生活。

——生活方式中重要的主题是什么?
重视与孩子相处的时光。

——休息日喜欢如何度过?
最近孩子在时,喜欢带他去公园。独自一人时,就画画或看电影。

——为什么选择在这里居住?
前辈推荐的。

——倾向于租房还是买房?
将来应该是买房。希望重新装修。

——缓解压力的方法?
画画。

——请告诉我房间的主题和布置原则吧。
别人常说看不出是什么主题,但我想装饰自己喜欢的东西,就像儿童房那样。

——最喜欢家里哪个场所?喜欢在那里做什么?
走廊。用Steiff的泰迪熊哄孩子练习走路时很开心。

——家里最珍爱的物品是?
迪士尼的物品。

——收集的东西或毫不犹豫就会买下的东西是?
迪士尼周边商品。

——给不收拾房间的人一个建议吧。
比起物品,要更重视空间……之类。

——每日穿搭中,你最爱用的单品是?
orSlow的牛仔裤。

——室内装饰和时尚服饰的信息来源是?比如经常阅读哪些杂志或书籍,浏览哪些网站?
POPEYE、Begin。

——今后想要的东西?
车、沙发和扫除机。

——简要概括,提升品位需要什么?
变得孤独。

——加入BEAMS的契机是?
很憧憬成为BEAMS的员工。

——在BEAMS的最大好处是?
在这里,不仅是时尚方面,还可以从其他各种角度去挑战自己的可能性。

——迄今为止在工作中,印象最深刻的事是?
自己策划的商品摆在店头时、看见街上有人穿自己设计的服装时真的很开心。还有,在BEAMS Planets YOKOHAMA的黑板上绘画也让我印象深刻。

1.厨房吧台上摆放着和妻子订婚时去迪士尼乐园拍的照片和新婚旅行时的照片。房间里各处都摆放着迪士尼纪念品,可以看得出德长十分喜欢迪士尼,每年都和家人去好几次迪士尼乐园。客厅一边是书架,摆满了艺术书籍和展会图录等,都是艺术发烧友德长精挑细选出来的书籍。3.插画师花井祐介的作品放在最喜欢的地点——走廊的一角。此外还有以迪士尼为创造元素的版画艺术家Kurry和插画师宫田翔的作品,还摆着Steiff的泰迪熊。4.1岁半的儿子在玩耍。德长笑道:"最近他很喜欢这个吊线玩具。"5.每天都以绘画为乐。家人熟睡时,独自一人面对稿纸,也是很治愈的时刻。6.以前绘画只是兴趣,来东京之后才动了真格,与品牌设计相结合,同时设计儿童服装。7.儿子1岁生日时德长在黑板上画的插画。自创艺术不动声色地融入了房间装饰中。

上图：古着外套上有手绘的迪士尼人物，德长君见这件衣服就毫不犹豫地买下了，还能用来装饰玄关。

下图：客厅现在布置成了孩子的房间，阳光照进来很舒服。

MY PRIVATE
WARDROBE

牛仔裤是BEAMS有售的orSlow。T恤同样是BEAMS有售的HUMAN MADE。人物印画很可爱。休闲上衣是德长参考挂在玄关的外套自己手绘而成,穿这件T恤时也有许多人询问。住在纽约的日本设计师的品牌EXPANSION的渔夫帽是新宠。

德长的爱好装备。绘画用的丙烯颜料、POSCA水彩笔、彩色铅笔。用iPad显示参考图像。笔记本是前辈在跳蚤市场上买到的一百年前的纸张做的。在迪士尼电影中最喜欢《小熊维尼》(Winnie the Pooh)。追踪20世纪90年代美国艺术变迁的纪录片《美丽的失败者》(Beautiful Losers)也不可不提。

026

宇田川 麻衣子

媒体运营
34岁/神奈川县川崎市

宇田川夫妇说，"平房的好处就在于，许多时节可以舒适度过"。一到休息日，附近的朋友就自然而然地聚集到家中。敞开的窗户吹进舒服的微风，阳光照进来，自制料理的香气飘荡。让人不难理解，为什么朋友们会想要见到这对笑颜常驻的夫妻。这个家告诉我们，日常生活中充满了琐碎却能震颤人心的事物。

——生活方式中重要的主题是什么？
创造让自己舒适的空间，比如让植物环绕身边。

——休息日喜欢如何度过？
早起→外出（海、山、温泉）→早点回家→休闲。

——为什么选择在这里居住？
离市中心近，回各自父母家也方便。到河边只要五分钟，很开心。经常沿着河岸跑步。

——最重视的时间？如何度过？
最重视早上的时间。

——缓解压力的方法？
让身体动起来。接触自然。

——请告诉我房间的主题和布置原则吧。
基础色调是白色和褐色，用色彩和花纹点题。

——最喜欢家里哪个场所？喜欢在那里做什么？
缘廊。在那里悠闲地待着。

——家里最珍爱的物品是？
结婚时前辈为我们画的迎客用的肖像板。

——喜欢哪种时尚风格？
经典、简约。

——喜欢用哪些时尚品牌来打造自己的风格？
BEAMS、LEVI'S®、YAECA、ENGINEERED GARMENTS、BIRKENSTOCK、A.P.C.。

——室内装饰和时尚服饰的信息来源是？比如经常阅读哪些杂志或书籍，浏览哪些网站？
时尚杂志、博客、Instagram、Pinterest。

——今后想要的东西？
大房子、大床、大院子。

——简要概括，提升品位需要什么？
吸收各种各样的东西，坚持输出自己的风格。

——加入BEAMS的契机是？
非常喜欢BEAMS BOY，很向往BEAMS的店铺。

——在BEAMS的最大好处是？
可以邂逅许多有魅力的人，非常刺激。

——迄今为止在工作中，印象最深刻的事是？
与Pilgrim Surf+Supply的负责人克里斯·金泰尔（Chris Gentile）共事时，他的人品和热情聚集了许多人，大家都来帮忙，感觉很好，让我切身感受到了人脉广是多么厉害的一件事。

028

今天宇田川的妹妹过来一起吃午饭。演绎缤纷餐桌的餐具以冲绳陶器为主。朋友和家人常来欢聚的这个家中有说不出的舒适感，这在很大程度上都源于主人的性格。

1."微风吹过,特别舒服呢。"宇田川的住所是一层平房。窗上一隅也装饰着具有设计感的钟表和纪念品。2.天气好时,宇田川会把宠物赫尔曼陆龟放在院子里晒日光浴。它曾两度逃跑,被附近的小学生发现后送回家。3.夫妻二人都喜欢冲浪。玄关处装饰着有大海感觉的艺术品,增强了统一感。4.去墨西哥新婚旅行时买的纪念品毛毯,在玄关迎客。5.两面是窗的明亮卧室。被褥是在fennica购买的杰西卡·奥格登(Jessica Ogden)的商品。一直很喜欢。6.处处装点着绿植。宇田川说"今后想再增加绿植呢"。7.进入BEAMS工作后,最初带她的前辈为她画的迎客板是她的宝贝,挂在无论从房间的哪个角度都能看到的地方。

031

5

6 7

餐厅窗边摆放着多种多样的植物。仙人球、多肉、空气凤梨等都是休息日外出时买回家的,与木头摆件的结合和挑选花盆的品位值得借鉴。休息日除了购物,宇田川也常去做瑜伽或跑步。

MY PRIVATE
WARDROBE

最上面是在BEAMS购买的ECUA-ANDINO的巴拿马帽，漂亮的形状和简洁的设计很百搭。太阳镜是去夏威夷旅游时购买的。亲肤的粉色T恤、牛仔裤的品牌是一直喜欢的A.P.C.。牛津纺的BD衫（Button-Down Shirt，扣下领衬衫）是在BEAMS BOY购买的。最下面的手包是为旅行和爬山而买。

宇田川喜欢旅行，iPhone和iPad是信息收集和摄影留念时的必备品。L.A.购买的时尚杂志，边翻阅边尽情想象。*escala*是墨西哥航空的机内杂志，新婚旅行去墨西哥时看到的，照片太美，让她都想改变行程了。最上面的旅行笔记本也不可或缺。

这是一处位于幽静住宅区的复古木造房屋。在宫本的引领下，刚踏入房中，就听见合租伙伴们热闹的说话声。用胶合板翻修的地板和贴着贴纸的房柱，大家一起制作的独一无二的家具和随意放置的唱片，由这些组成的这个不受任何束缚、可以自由安排的空间，是可以把与情投意合的朋友共同放松的时间渲染得更加浓重的独特场所。

——生活方式中重要的主题是什么？
许多人聚集的舒适空间。

——为什么选择在这里居住？
我们所有人上班都近。好聚在一起。

——最重视的时间？如何度过？
弹吉他、看电影，很重视只属于一个人的时间。

——缓解压力的方法？
玩滑板、LIVE，还有大家一起喝酒！

——请告诉我房间的主题和布置原则吧。
感觉还不错的后台（笑）。

——家里最珍爱的物品是？
客厅的桌子。是大家一起做的。

——收集的东西或毫不犹豫就会买下的东西是？
吉他、效果器、冰上运动DVD、古着、废品（破烂）。

——喜欢哪种时尚风格？
受滑板、乐队文化影响比较大。

——每日穿搭中，你最爱用的单品是？
还得说是运动鞋了。

——喜欢用哪些时尚品牌来打造自己的风格？
古着工装风的服饰，VANS、adidas、HERMIT。

——室内装饰和时尚服饰的信息来源是？比如经常阅读哪些杂志或书籍，浏览哪些网站？
便利店摆着的ZINE等各种杂志和摄影集。最近很喜欢关于以色列的摄影集。也喜欢滑板、冲浪和乐队题材的书刊。

——今后想要的东西？
ORANGE的扩音器（Rockerverb 100 Head）、Welcome Skateboards的滑板板面（现在我也在用）、新的自行车三角架、运动凉鞋、工装风的服饰……好多想要的呢（笑）。

——加入BEAMS的契机是？
涉及多种文化，却能最大限度地发挥出各种文化的优势，进而诞生出新的东西，我被BEAMS的这点所吸引。

——在BEAMS的最大好处是？
工作＝玩＝生活方式，这个等式能够成为现实。

——迄今为止在工作中，印象最深刻的事是？
真的遇到了很帅的前辈和上司。

宫本深受街头文化的影响，在他的房间里摆满了各种类型的喜爱之物。他说："最近我迷上了在回收品店淘破烂，喜欢那种寻宝的感觉（笑）。"

房间墙上贴着电影海报,还有抓拍下专业滑板者在滑板上跳跃瞬间的摄影海报。休息日和合租的伙伴一起出门玩滑板,尽情放松。

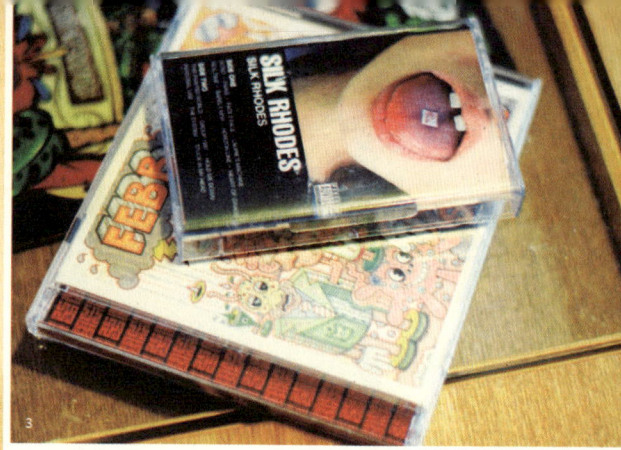

1.最喜欢FENDER的Telecaster。宫本非常喜欢音乐,自己也组建了乐队演出。他说"用这把吉他弹奏出轰鸣声,感觉真的很爽"。
2.捡来的水槽,用可乐瓶、手办和贴纸装饰,混搭出的街头风也很有趣。3.宫本"最近迷上了磁带,被那种电子产品所没有的复古的感觉所吸引"。4.房子里的公共墙面上,挂着每位居住者的钥匙和工具。
5.宫本手里的吉他,是上小学时叔叔送他的FENDER产品。"这就像扎下的根,造就了如今喜欢音乐的自己。"6.和朋友们在客厅边玩游戏边随意聊天,也是最宝贵的轻松时光。7.只有合租,玄关才这么有人气。"什么都能与大家分享真好。不光是物品,人际关系也可以共有。"

怀旧风的厕所，也贴着富有街头感的贴纸，打造出自己的风格。为了生活舒适开心，大家都亲手去改造。这是重视直觉、独具魅力的生活方式之一。

MY PRIVATE
WARDROBE

从这些行头可以感觉到宫本的音乐和文化背景。冲击力极强的印花衬衫是ISSEY MIYAKE的古着。"LORDS OF DOGTOWN（狗镇之王）的LOGO是亮点"，这件adidas T恤是前辈去美国旅行带回来的礼物。宫本也很喜欢在BEAMS HARAJUKU的Pop-up Shop购买的"THE PX"T恤。

自己组建乐队、弹奏吉他的宫本在演奏时不可或缺的小物件。左边的效果器最常用，是BOSS的DS-1X，宫本喜欢它扭曲声音的感觉。"让声音变浑厚"的SANS AMP的效果器BASS DRIVER DI和KORG的调谐器DT-10也必不可少。最里面的是现在他最喜欢用的BOSS DS1，摇滚吉他必不可少的经典款。

042

井上 真由美

BEAMS 柏
32岁 / 千叶县流山市

穿过挂着形状各异的木质物件、有小型艺术馆氛围的楼梯，就来到客厅。在井上的引领下，刚走进这个房间，色彩鲜艳的纹饰就率先跃入眼帘。艺术家丈夫描绘的、有机而充满跃动感的图画，与木质家具和植物绝妙地调和，在空间中诞生出韵律。房间被自然和明朗的氛围所包围，充满活力。

——生活方式中重要的主题是什么？
被植物和绘画环绕。

——休息日喜欢如何度过？
悠闲地起床，两人一起吃美味的早餐。

——最重视的时间？如何度过？
能够放松的时间。

——缓解压力的方法？
外出去钓黑鲈鱼。

——请告诉我房间的主题和布置原则吧。
自然和艺术。

——最喜欢家里哪个场所？喜欢在那里做什么？
在沙发上看DVD。

——家里最珍爱的物品是？
丈夫的作品。

——收集的东西或毫不犹豫就会买下的东西是？
植物、古董杂物。

——喜欢的家居品牌（商店）是？
经常在朋友的店Humming Bird购买古董杂物。

——喜欢哪种时尚风格？
自然随意的服饰。简洁的风格。

——每日穿搭中，你最爱用的单品是？
在集市上买的艺术家制作的饰品。职场后辈和顾客送我的手制项链。

——喜欢用哪些时尚品牌来打造自己的风格？
不拘于品牌，穿自己喜欢的服饰。

——简要概括，提升品位需要什么？
与许多人见面、交谈。与有激情的人在一起。

——加入BEAMS的契机是？
在其他服装品牌积累了两年销售经验，之后加入了原本就喜欢的BEAMS。

——在BEAMS的最大好处是？
可以遇到许多有激情的人。

——迄今为止在工作中，印象最深刻的事是？
经常光顾的一位顾客，拿着我丈夫制作的手包到店里来。我忍不住问他"您觉得这个包怎么样？"，对方回答"一直都喜欢这个人的作品，这是刚买的"。我把这件事告诉丈夫，他非常吃惊。这是很奇妙的缘分吧。

丈夫为未完成的作品新添上红色。井上手里拿的是SEE SEE的木制不倒翁，是"在BEAMS Planets买的，让丈夫涂上了颜色"，成了与众不同、独一无二的作品，井上十分中意。

1.沙发上的靠垫也是定制款,印有丈夫的画中具有代表性的"拼片纹"。2.朋友画的独特的、色调温和的肖像系列。3.使用的颜料挂在架子上,整齐收纳。4.形状自然、质感柔和的树枝上挂着带肩带的旧帆布包,里面种植着喜欢的植物。木质画框里装饰着插画。5.丈夫使用的画材。调色盘中色彩缤纷。6.房间各处都装饰着艺术作品。井上"最喜欢的是自己的肖像"。鲜艳的黄色令人印象深刻,放在有年代感的木质画框中,竖立摆放,在房间里最为醒目。7.大多数植物都是从柏站附近的一家喜欢的商店moora moora买回来的。花盆上有节奏感的绘画,让空间更加明快。

6

7

047

房间一角,木质置物架上摆放着古董杂物和各种植物。旧木头箱上还摆放着干花。井上说"喜欢买来幼小的植物养育,看到它们长大很开心"。

MY PRIVATE
WARDROBE

"买了许多同款不同色的衣服。"井上笑着说。藏青和灰色的短裤都是GRAMICCI,购自BEAMS,经典款T恤是GOOD WEAR。NIKE的Lunar Fly跑鞋购自纽约,丈夫也买了不同颜色的同款,很爱穿。Air Rift跑鞋也是同款的黑青两色。挂在椅子上的背包是熟识的卖画材的老板为她制作的独一无二的印花定制款。

井上喜欢用的物品件件都温和自然。情趣盎然的蓝色LOUIS VUITTON钱夹令人印象深刻,这是丈夫去纽约旅行时带回的礼物。老客户和后辈制作的原创项链是纪念品。制作婚戒的工坊送给井上的银质项链、在集市和跳蚤市场上买到的头饰和耳环也独一无二。

050

芝木 纱代

BEAMS 新宿
32岁/东京都世田谷区

芝木喜欢自己动手创造。平时用手机拍摄下自己喜欢的事物，打印出来装饰房间，让回忆成为装饰的一部分。这个空间符合芝木毫不造作的性格，二者完美融合。

在芝木家，有异国情调的小物件与街头风格的物品、植物十分协调。她虽笑道"我只是把喜欢的东西随意收集起来而已"，但不拘类型地去选择物品，显示了她自身的开放心态中闪烁着自由的灵感。不急于求成，认真去热爱自己所在环境和生活中熟悉的物品。重视物品和自身的距离感，由此才诞生出自然、不造作的空间。

——生活方式中重要的主题是什么？
不拒绝喝酒聚会的生活。

——休息日喜欢如何度过？
睡到天大亮，一直开着电视但不看，躺在沙发里摆弄植物之类。

——为什么选择在这里居住？
环境熟悉，离新宿近，更重要的是附近有很多朋友。

——最重视的时间？如何度过？
只要不让自己感到虚度光阴，如何度过都OK。

——缓解压力的方法？
和朋友们喝酒，喝到断片儿。

——请告诉我房间的主题和布置原则吧。
美国。中性。自己积累经验，不急于求成。

——最喜欢家里哪个场所？喜欢在那里做什么？
厨房附近。喜欢自己做饭。视野中都是自己喜欢的东西，所以喜欢那里。

——家里最珍爱的物品是？
几年前开始栽培的植物和旅行途中买回的东西。

——收集的东西或毫不犹豫就会买下的东西是？
自由女神的摆件，植物，工具。

——喜欢哪种时尚风格？
T恤、短裤、凉鞋之类的，随意的风格。

——每日穿搭中，你最爱用的单品是？
牛仔裤。

——喜欢用哪些时尚品牌来打造自己的风格？
VANS。我喜欢运动鞋，买了好多双，现在正在尽量控制。

——加入BEAMS的契机是？
BEAMS BOY SHIBUYA的墙上，挂着DOGTOWN中久保祥吾（Shogo Kubo）的滑板，这是决定性的因素。

——在BEAMS的最大好处是？
喜欢的人增加了许多。更成熟了。

——迄今为止在工作中，印象最深刻的事是？
在涩谷店打工时，马上就要员工考试了，我却在Red Hot Chili Peppers的演唱会上骨折了。之后休息了两个月，但还是通过了员工考试，运气真的很好，一生难忘。

1.初中和父母去旅行时买的套娃。年久褪色,颜色与复古的造型相得益彰,恰到好处。2.厨房附近的白熊摆件。芝木笑道"看纪录片时喜欢上了"。不光是小物件,房间墙上还挂着朋友送的大型白熊挂件,收集了许多。3.以前收集的各种图案的印花方巾(Bandana),叠好放在隔板上。4.打印出自己照的照片,再粘贴起来做成照片板。芝木说"有时也会制作这个送给朋友当礼物",有空就喜欢DIY。5.放在房间一角的丝网印刷海报购于纽约的冲浪用品店Mollusk。HUNTER的雨靴旁是自制的衣物收纳架。

通往二楼的梯子上陈列着帽子等喜爱的墨西哥风情摆件和祝福娃娃。芝木说:"只从美国由蒂华纳市进入过墨西哥,还想再去一次"。

MY PRIVATE
WARDROBE

芝木选择的都是休闲装束。牛仔连衣裙是UNUSED，仙人掌图案的吊带衫和休闲短裤是B:MING LIFE STORE。还有orSlow的渐变色牛仔圆领背心，LEVI'S®的做旧牛仔短裤等都是牛仔爱好者才有的选择。芝木也喜欢LABRAT TOKYO的条纹T恤等街头风格的服饰。

银饰和带有时尚元素的小物品令人印象深刻。在纽约的跳蚤市场和BEAMS BOY上购入的古董手链每天都在佩戴。金色手环是在巴黎的MERCI发现的。因为喜欢时尚的设计，在BEAMS购入了小兔子胸针和米奇项链、EASE DESIGN的指环等，不拘类型，都十分爱用。

058

西尾 健作

BEAMS 买手
42岁 / 东京都大田区

七年前将自幼居住的老家翻修。玄关和楼梯下是收纳空间,连细节都充满爱、处处用心,西尾家所具有的开放感,让人感觉不出房龄已有三十五年之久。客厅被喜爱的家具所环绕,家人团聚在一起,自然地露出微笑。"自己也想跟孩子们一起成长呢。"望着活泼地跑来跑去的三个孩子,西尾这样说。如此开心的生活,可以说是理想的家庭。

——生活方式中重要的主题是什么?
适合自己。

——休息日喜欢如何度过?
白天和孩子们玩一整天,晚上小酌。

——为什么选择在这里居住?
这里是我的故乡。这栋房子是父亲建起的梦想之家,我觉得若顺应时代,能住在这里也挺好。

——最重视的时间?如何度过?
所有家人在一起的时光。

——请告诉我房间的主题和布置原则吧。
欣赏时间的印迹。比起新品,我更喜欢有年代感的东西。

——最喜欢家里哪个场所?喜欢在那里做什么?
在餐厅与家人一起用餐。还可以喝酒!

——家里最珍爱的物品是?
我们搬新家时,最喜欢的前辈送给我的画。

——收集的东西或毫不犹豫就会买下的东西是?
科特·柯本(Kurt Cobain)周边。

——喜欢的家居品牌(商店)是?
目黑大街上的MATE、granpie。

——给不收拾房间的人一个建议吧。
毫不犹豫地扔掉多余物品!

——喜欢哪种时尚风格?
简洁。纯色。适合自己的服饰。

——每日穿搭中,你最爱用的单品是?
VAPORIZE的瘦腿牛仔裤。

——喜欢用哪些时尚品牌来打造自己的风格?
VAPORIZE、RAF SIMONS、SAINT LAURENT。

——今后想要的东西?
家里五个人都能坐下的沙发。但没地方放,所以只能是梦想了。

——简要概括,提升品位需要什么?
彻底地分析自己。

——加入BEAMS的契机是?
当时BEAMS可以说是买手店的领军者。我一心只想着来这里工作。

——迄今为止在工作中,印象最深刻的事是?
能和自己崇拜的乐队吉他手一起工作。

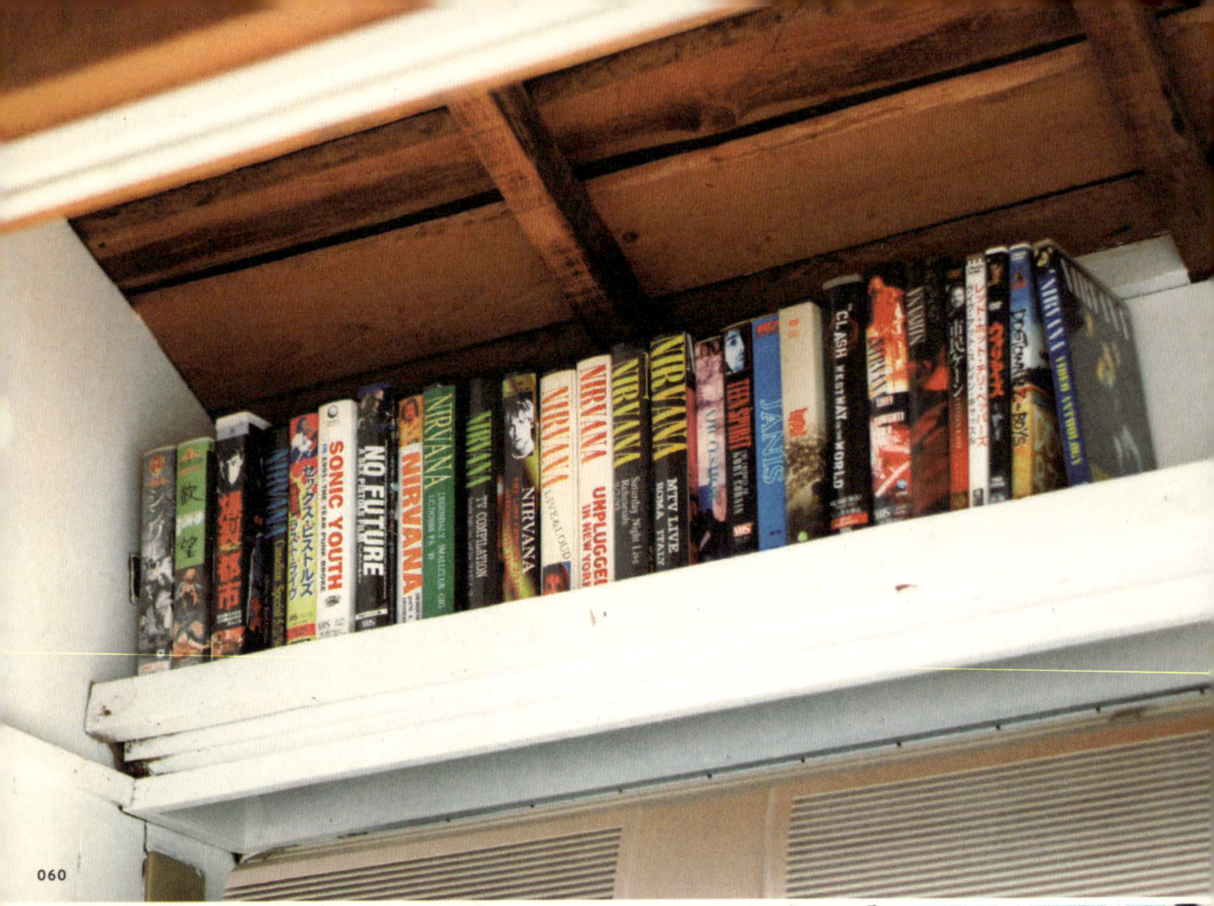
爆裂都市
SONIC YOUTH
セックス・ピストルズ
NO FUTURE
NIRVANA
TV COMPILATION
UNPLUGGED IN NEW YORK
MTV LIVE ROMA ITALY
JANIS
CLASH
WESTWAY to the WORLD
市民ケーン
NIRVANA VIDEO ANTHOLOGY

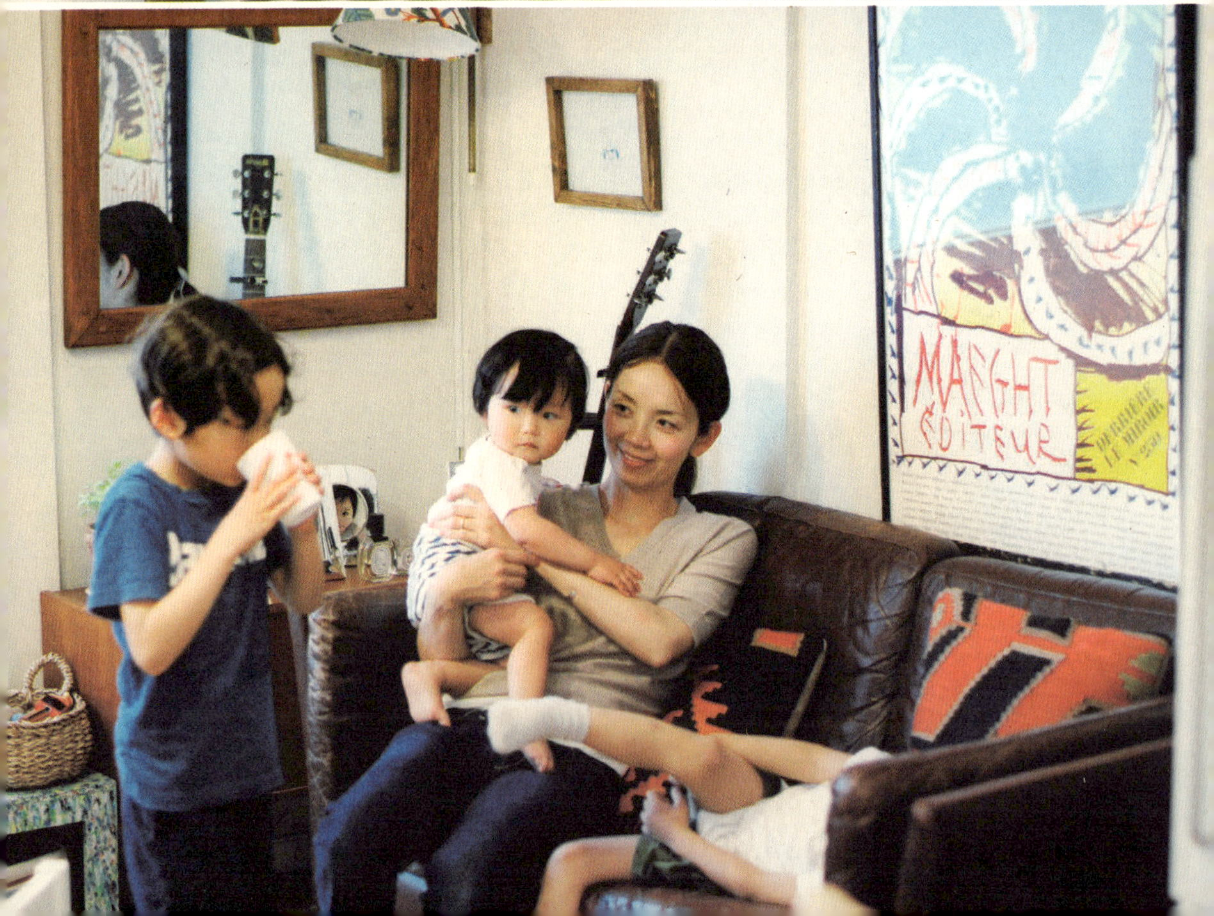
MAEGHT
EDITEUR

二楼卧室原本是日式房间,地板全是重新铺装的纯色板材。西尾说"看着三个儿子睡成川字形,心里很踏实"。木材触感很好,孩子也睡得舒服。采光良好,白天很舒适。

客厅的沙发是单身时在中目黑的HIKE买的北欧古品。西尾说"这件沙发很有创意,虽有些破损,也想长久使用下去"。背靠西尾自己亲手粉刷的白墙更添一份温馨感。

1.二楼也没有天花板，翻修为具有开放感的空间。房柱和房梁体现了建房时原本的木质风貌。西尾认为"符合自己心中对摇滚的印象，无论如何也想要的"金属枝形吊灯，将柔和的灯光洒满房间，这是他很喜欢的物品。2.衣物架上摆着几摞以前买的牛仔裤。LEVI'S®等按照年代收集。其中还有西尾自己打补丁做旧的科特·柯本款。3.The Smashing Pumpkins乐队的詹姆斯·伊哈（James Iha）亲自打造的品牌VAPORIZE。西尾负责销售。"就算成了父亲，环境有所变化，柯本的这部分自己也不能让步。"西尾说，他在顺应变化的同时也不丢弃原则。4.在西洋民艺店granpie买到的镜子，营造出柔和的氛围。其尺寸也刚好适合并不宽敞的空间，这也是让西尾中意的一点。

摆放在客厅的橱柜,橱柜和椅子等家具西尾都一直在爱惜地使用,他很喜爱这些家具经历时间产生的变化,说"长久使用的话,木头的颜色也会与房间融合在一起呢"。

MY PRIVATE
WARDROBE

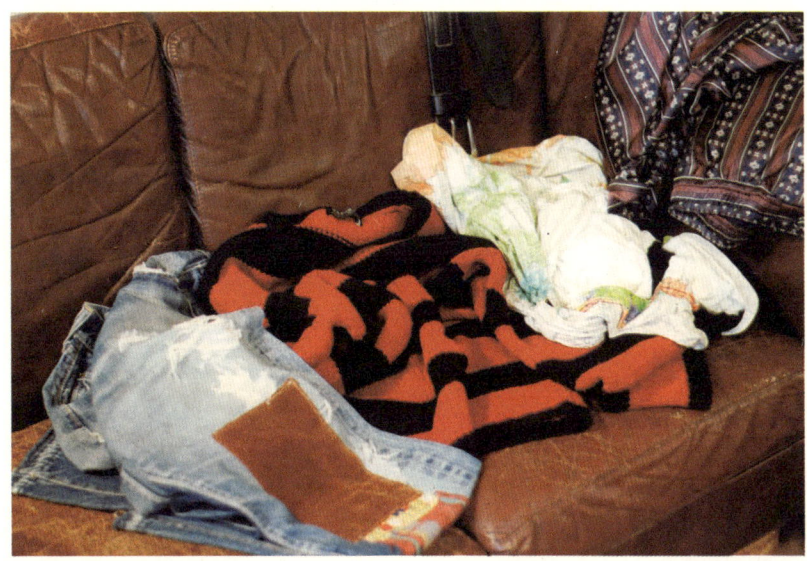

西尾的行头。最前面的牛仔裤是缝上各种质地补丁的LEVI'S® XX,是柯本风格的定制款。旁边的VAPORIZE朋克风针织衫是西尾的最爱。上面的腰带也模仿柯本制作。杜邦布防寒夹克购自原宿的古着店,上面的世界地图花纹引人注目。最里面是印有VAPORIZE原创图案的睡衣。

20世纪90年代美国制CONVERSE JACK PURCELL帆布鞋,柯本本人也很喜爱。太阳镜是DAVID MARC的,是Nirvana乐队初期柯本佩戴的款式,也很适合西尾的脸型。

066
上山 惠司

Brilla per il gusto（BEAMS直营网站）
采购
46岁 / 东京都港区

上山家位于六本木附近的幽静住宅区。穿过时尚的玄关，就看到房间里缤纷多彩、搭配协调的各色纺织品，阳光从大窗照射进来，整个空间十分明艳。阳台上摆放着各种高大的花草，与旁边的木桌很相配。被柔和的颜色所环绕、与家人共同度过的恬静日常，令人非常舒适。

——生活方式中重要的主题是什么？
使用让人心情开朗的、有温度的东西。色调搭配十分重要。

——最重视的时间？如何度过？
我们是一家三口，女儿还在上小学，所以最重视一家三口在一起的时光。

——家里最珍爱的物品是？
家具装饰类都会在日常生活中使用，说起珍爱，应该是妻子收集的北欧餐具吧。

——收集的东西或毫不犹豫就会买下的东西是？
30岁时还有，现在已经没有特别想买的了。买东西的标准变了，有些品质很好的物品希望能长久使用下去。

——喜欢的家居品牌（商店）是？
家具的话，像桌子、沙发之类的，都喜欢汉斯·瓦格纳（Hans J.Wegner）设计的。顺便说一句，我十五年前买的那些家具不像如今那么贵，稍作努力就可以负担得起。孩子弄上的斑点和污渍为其增添了韵味，现在也像刚买来时一样舒适。商店的话，是南青山的Benjamin Moore Paints。那是家源自美国的涂料店，我被其丰富的色彩所震撼。最近没忍住把阳台椅漆成了红色，桌子漆成了绿色。

——喜欢哪种时尚风格？
以美式为基础，成熟的意大利休闲风。

——每日穿搭中，你最爱用的单品是？
OLIVER PEOPLES的眼镜。如果没有这个就没法生活（笑）。

——今后想要的东西？
尺寸合适的单人安乐椅。漫漫十五年间一直在找寻，却总也难邂逅让我眼前一亮的安乐椅。

——简要概括，提升品位需要什么？
不知是否与品位相关，我是通过母亲与设计和色彩邂逅的。母亲会画油画，在她的影响下，我从小就被带去美术馆和艺术馆欣赏绘画和艺术作品。这么想来，我对色彩和设计的热爱应该是幼年时期习得的。

——加入BEAMS的契机是？
还上学时就是BEAMS SAPPORO的顾客，每天泡在店里，当时的店长对我说："那么喜欢BEAMS的话，就来打工吧。"我毫不犹豫地答应了。这就是契机。当时日本社会处于DC品牌（Designer & Character Brands）末期，还没有"涩谷休闲"这个词……说起来，这也是二十五年前的事了。

1.和家人一起就餐的餐厅很重要。妻子和女儿也很喜欢。2.玄关展示着鲜艳的织物装饰板。色彩各异的植物图样是亮点。3.描画着森林小人的ARABIA马克杯是妻子心爱之物。上山说"这是女儿出生那年的款式,图案是圣诞节特别款,很喜欢"。4.女儿房间装饰着毛绒玩具和洋娃娃。5.有温度的木制橱柜是丹麦古品。RORSTRAND的蛋杯和iittala的蛋糕架,妻子都很喜欢。6.阳台摆放着大大小小的植物和桌椅。上山说:"附近的花店老板给人的感觉就是'传统的花店老板',很亲切。很喜欢去那里看看各个季节的花。"7.汉斯·瓦格纳设计的沙发是搬到这里后马上订购的中意之物。

有季节感的植物沐浴着阳光,装点出明艳的阳台。上山说:"最近迷上了涂漆,这桌椅都是自己重新涂色的。遇到自己喜欢的颜色,就想试着去漆各种东西(笑)。"

MY PRIVATE
WARDROBE

上山的日常服饰是各种色调的藏青色。CIRCOLO 1901的夹克和GIANNETTO的衬衫是意大利制。20岁时购入的复古款LEVI'S® 501和Brilla per il gusto的针织衫是经典设计。C +和ENTRE AMIS的短裤也不可或缺。SADDLER'S的腰带和adidas的Stan Smith板鞋也很喜欢。

日常爱用的特色小物品。设计古典、胜任各种风格搭配的眼镜是OLIVER PEOPLES。每天都会用到的心爱手帕是ORIAN,名片夹是ANIARY。手表是20世纪60年代的ROLEX,据上山说,是"20岁第一次去伦敦旅行时,在一家古董钟表店发现的纪念品"。

072
堀越 贺宽

在线商店
37岁/东京都足立区

充满孩子们欢声笑语的公园前,堀越抱着儿子来迎客。他的女儿引我们来到位于漂亮公寓顶层的家中。房间里摆设的物件简朴而有特色,据说他们刚搬家不久,还未装修完。房间的未来仍留有余白,堀越"希望从容不迫地打造自家的空间",期待接下来与家人一起尽心尽力地装饰房间。

——休息日喜欢如何度过?
早睡早起。在大公园里野餐。

——为什么选择在这里居住?
处于新开发地区,河岸和公园近在眼前,很适合小孩子生活,而且位于我们夫妻俩老家的中间。

——倾向于租房还是买房?
买房。可以确保宽敞的居住空间,按照自己的想法装修。

——最重视的时间?如何度过?
希望一家四口在一起的时间多一些。享受用餐时光。一切都以孩子为中心。

——缓解压力的方法?
陪孩子一起玩。

——请告诉我房间的主题和布置原则吧。
极简。以木质、绿植和纯色为主打。

——最喜欢家里哪个场所?喜欢在那里做什么?
客厅。画画、弹琴、和孩子们共同度过时光。

——家里最珍爱的物品是?
餐厅用具。

——喜欢的家居品牌(商店)是?
PACIFIC FURNITURE SERVICE、THE CONRAN SHOP。

——喜欢的植物商店是?
SOLSO FARM、OZAKI FLOWER PARK。

——给不收拾房间的人一个建议吧。
给每件东西定位,用完放回原位置。

——喜欢哪种时尚风格?
包括小物件,全身的颜色不超过三种,有统一感、简洁的类型。

——喜欢用哪些时尚品牌来打造自己的风格?
COMME des GARÇONS、NIKE、CONVERSE。

——室内装饰和时尚服饰的信息来源是?比如经常阅读哪些杂志或书籍,浏览哪些网站?
Casa BRUTUS、Instagram。

——简要概括,提升品位需要什么?
通过杂志和商店,去观察各种信息,在此基础上追求自己的风格。

——在BEAMS的最大好处是?
结识了许多同事,他们有自己所不具备的一技之长和个性。

1.品种造型多样的植物作为内饰的一部分,悬挂在天花板的灯轨上装饰空间。2.女儿的房间里挂着有海外风情的绵羊面具,画框中是女儿画的插画。妻子说"如巴黎一般的感觉,都是女孩子的物品和喜爱的颜色"。3.在顶层才有的阵阵微风中玩水的姐弟。宽敞的阳台,让孩子们可以尽情玩耍,也是夫妻二人心仪的场所。4.厨房的置物架是定制商品,木纹精美。堀越说"这里一切交给妻子(笑)。这里是日常使用的场所,所以方便最重要,她比我更了解"。5.大窗很有开放感,木制百叶窗演绎出柔和氛围。6.房间一角,天童木工和SASQUATCHFABRIX.的组合滑板椅上展示着可爱的玩偶。

075

餐厅里是日常使用的半定制的无垢材餐桌,还有不同款式的EAMES休闲椅和A-Chair可靠放椅。另外在青山的KILIM HOUSE发现的新基里姆花毯也很不错。整体不拘一格的混搭风让人很享受。

MY PRIVATE
WARDROBE

大爱绿色的堀越的选择。搭在椅子上的外套是MACKINTOSH的104款和CONVERSE的老款。还有ENGINEERED GARMENTS的工装衬衫等设计师品牌，以及ARC'TERYX特别版双肩背包和NIKE×MARC NEWSON的限定款跑鞋等运动装备。

堀越精选的小物品，每件都充满回忆。20岁出头去巴黎旅行时，在HERMÈS总店购入的皮质手环，BEAMS特别款RAY-BAN Wayfarer太阳镜，OAKLEY的Frogskin太阳镜每天都在使用。全球限定200只的SINN腕表是进公司时的纪念品。戒指是SUMAN DHAKHWA的，与妻子一起购入，很喜欢。

比ALVAR AALTO的扶手椅散发出更大存在感的是阿伊努族的托盘，它是一百多年前的物件，雕刻着驱魔图案。此外还有同是AALTO的花器。1962年初版 *KATACHI* 上放着黑田泰藏的白瓷钵。

从东京塔到晴空塔之间的辽阔天空和深绿色一览无遗。在市中心，如此风景独好之处很是罕见。从昭和时期就耸立在此的老式公寓的一室中，古董、现代美术、工艺、设计，超越了时代和国家的物件混合在一起，这里是诞生原创的空间。"若对某处固执强求，就没有意思。我讲究的就是不讲究。"将这种哲学也体现在买手店的原则中，这是南云先生所独有的风格。

——生活方式中重要的主题是什么？
和伴侣一起度过的多彩时光、用餐、聊天、艺术……

——休息日喜欢如何度过？
早晨游泳，去古董集市，白天在公园里悠闲度过，或是去看展览。傍晚去熟悉的店开怀畅饮，还会邀请朋友来家中做客，享用美食美酒。

——为什么选择在这里居住？
也没什么特别的……从结果来说，是被这里的环境所吸引了，既在市中心，又能享受到自然。

——倾向于租房，还是买房？
都不是。我希望自由……

——最重视的时间？如何度过？
深入思考的时间和放空思想的时间实现平衡……

——缓解压力的方法？
为了不积聚压力，好好享受每天的私人时间。

——请告诉我房间的主题和布置原则吧。
global、tribal、rustic、antique、vintage、modern、craft、design、art……fusion。

——最喜欢家里哪个场所？喜欢在那里做什么？
秘密。

——家里最珍爱的物品是？
不是单个物件，而是组合与协调。

——收集的东西或毫不犹豫就会买下的东西是？
没有特定的东西。

——喜欢的家居品牌（商店）是？
BDDW（N.Y.）、Galerie Half（L.A.）、antiques tamiser（TOKYO）。

——给不收拾房间的人一个建议吧。
不要乱扔东西。

——喜欢哪种时尚风格？
不执着于特定的风格。

——室内装饰和时尚服饰的信息来源是？比如经常阅读哪些杂志或书籍，浏览哪些网站？
The World of Interiors。

——简要概括，提升品位需要什么？
了解自己。

——加入BEAMS的契机是？
太久远了，我已经忘了。

——在BEAMS的最大好处是？
也许是"进公司三十年来，如今仍继续在这里工作"这件事……

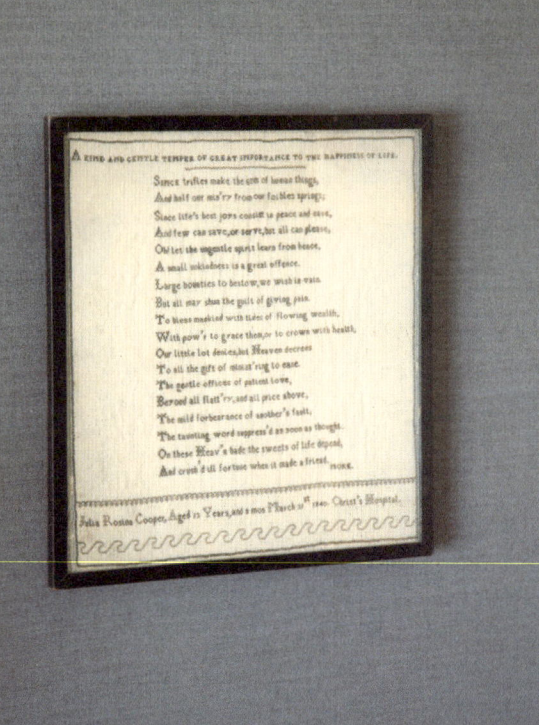

1.写着与基督教相关的善言的英国棉布,是19世纪某位13岁少女的刺绣习作。2.古董集市上发现的石器时代的箭头摆放得极具艺术感。3.庞蒂(Gio Ponti)名作的原型、基亚瓦里竹节椅的后面,是从一百多年前的印度建筑上切割下来的窗户。4.房间一角,放着南云喜爱的视觉系图书,上面是泰国制黑色盒子,还有瑞典的BERNDT FRIBERG陶器。5.夏威夷的石头和封面剥落的江户时代的字典,是让人感觉到时光流逝的物件。用鹿角削刻成的羽毛是雕刻家桥本雅也的作品。6.被称作POJAGI的韩国拼布包袱皮是李朝时代的物件。将这种白色麻布配在窗边,随风摇曳,满眼清凉。7.20世纪50年代的MILO BAUGHMAN的咖啡桌购于二十年前。美国艺术家泰德·米尔林(Ted Muehling)的烛台也在日常使用。"这个烛台上最适合creative candles灰色蜡烛,我很喜欢。"南云说。8.20世纪60年代的PLAYBOY杂志,刊登了包括伊姆斯(Charles Eames)在内中世纪风知名设计师的合影。

罗马尼亚农家使用的19世纪初的桌子和从非洲、亚洲、北欧等世界各地收集的东西混在一起。日本的野良着（田间工作服）拆开后拼补而成的"BORO"于十五年前购入。施以刺子绣，最古老的部分甚至来自江户时代。

9.喀麦隆的巴米累克族手工雕刻的矮凳用材取自整根木头。"六年前发现了这个扩大尺寸版,深受打动,一冲动就下了了。"南云说。美国时尚摄影巨匠阿尔弗雷德·斯蒂格里茨(Alfred Stieglitz)和沃克·埃文斯(Walker Evans)的摄影作品集上,是蚂蚁图片的老幻灯片和SVENSKT TENN的鳄鱼裁纸刀。里面是李朝时代的竹篓。10.瑞典陶艺家斯文·韦斯弗特(Sven Wejsfelt)的陶器模型系列只有指尖大小。釉色的细节表现极美。11.法国中世纪风室内装潢的代表设计师让·热内(Jean Royère)、德国现代美术家约瑟夫·博伊斯(Joseph Beuys)、美国人像摄影家欧文·佩恩(Irving Penn)等,南云建构世界观时,很大程度上受到这些作品集的影响。12.用瓦楞纸板做的佛像是日本现代美术家本堀雄二的作品。站在正面就能透过结构看到内部的圆环。

端立于沙发旁边的木箱是印度北部游牧民之物，箱体全部用羊驼皮包裹，白色部分是雪豹皮毛。上面是英国画家本·尼科尔森（Ben Nicholson）的丝网印刷作品，在洛杉矶入手的石雕，以及塔皮奥·维卡拉（Tapio Wirkkala）的玻璃容器。

以木村二郎的古材方桌为基础构建的空间一角。女性照片是英国摄影家、地理学者约翰·托马森（John Thomson）于19世纪在中国拍摄的作品。落地灯是塞尔日·穆勒（Serge Mouille）在20世纪50年代设计的。竹篓是卢旺达的古品，细致编制的花纹独具魅力，如今已很难买到。

MY PRIVATE
WARDROBE

翻阅画家本·尼科尔森作品集的南云。本·尼科尔森是20世纪英国绘画的代表,他留下了许多抽象作品。休息日悠闲度过,与从事艺术评论工作的朋友二人去看展览,或是去古董集市和古籍店,接触喜欢的艺术家和设计师的作品,畅饮美酒。房间里也收集了多件现代美术家的作品。

左起卷烟盒是从沉船中打捞上来的物件,产自二百年前,由驯鹿皮制成,是长年定制合作伙伴乔治·克莱弗利(George Cleverley)赠送的绝品。旁边的雪茄刀是从敬爱的AD渡边那里继受而来。古品玻璃花器是芬兰的蒂默·萨潘尼瓦(Timo Sarpaneva)的,伯恩特·弗里伯格(Berndt Friberg)的模型陶器旁是在国际博览会上买到的竹篓。下面是武内晴二郎的盘子和理查德·艾维顿(Richard Avedon)的时尚摄影集*Observations*,后者的编辑阿列克谢·布罗德维奇(Alexey Brodovitch)也十分出众。

092
水上 路美

Ray BEAMS 首席设计师
36岁/东京都世田谷区

年代久远的木质家具上，摆放着从跳蚤市场和海外集市上买到的古品小物件和能感受到手工温度的民艺品。大大小小、各种各样的植物摆放得很有美感，让房间里流淌的空气更加安定沉稳。水上生活的空间，被打动她的物品所环绕，从中可窥见她不拘于时代和流派，自在享受自己风格的生活方式。

——生活方式中重要的主题是什么？
常保持开心的状态，去思考，去行动。

——休息日喜欢如何度过？
野营。用投影机放电影，看网球。

——为什么选择在这里居住？
恬静，方便，附近酒友很多。

——最重视的时间？如何度过？
尽量早去上班，工作完早回家。

——请告诉我房间的主题和布置原则吧。
让人感到温馨吧。

——最喜欢家里哪个场所？喜欢在那里做什么？
打开窗户，坐在沙发上。

——家里最珍爱的物品是？
植物。

——喜欢的家居品牌（商店）是？
跳蚤市场。

——给不收拾房间的人一个建议吧。
尽可能地收拾。

——喜欢哪种时尚风格？
休闲。

——每日穿搭中，你最爱用的单品是？
运动衫。

——喜欢用哪些时尚品牌来打造自己的风格？
Ray BEAMS。

——室内装饰和时尚服饰的信息来源是？比如经常阅读哪些杂志或书籍，浏览哪些网站？
《装苑》、Instagram。

——今后想要的东西？
印花方巾。

——简要概括，提升品位需要什么？
试着买下来。试着做出来。

——加入BEAMS的契机是？
有个敬仰的前辈，想在他手下工作。

——在BEAMS的最大好处是？
在制作服装的同时，世界观也开阔了。

——迄今为止在工作中，印象最深刻的事是？
有许多，印象最深刻的是和上司一起在东京GIRLS COLLECTION的舞台上穿着人偶服装跳舞。

水上说:"日常生活中常亲自动手制作东西。很享受集中注意力,全心投入的时间。"现在正在制作的是一条短裙。她从学生时代起就使用这架缝纫机,缝制短裙时的表情很认真。亲自动手,这就是水上的生活方式。

1.厨房的置物架上,摆放着手工制作、给人独特柔和感的器皿和杯子。木质厨具吊挂收纳。2.丈夫居住在国外时收集的咖啡砂糖纸袋。每家店的图案不同,多变的设计十分有趣。3.十多年前在北泽杂货铺买的电子表。喜欢它的复古设计,如今也很爱用。4.水上说,自己婚礼上穿的婚纱也是自制的。墙上装饰着以网球、慢跑、游泳等爱好为主题的拼画,自己身着婚纱的形象也做成了拼画装饰在房中。5.厨房四周的小物件,让人仿佛置身于国外的公寓。6.玻璃置物柜里摆放着各种小物品。古品咖啡杯、钟表、Kitty和芭比等手办也混搭展示。7.天花板上垂吊干花,玄关给人一种华丽的感觉。

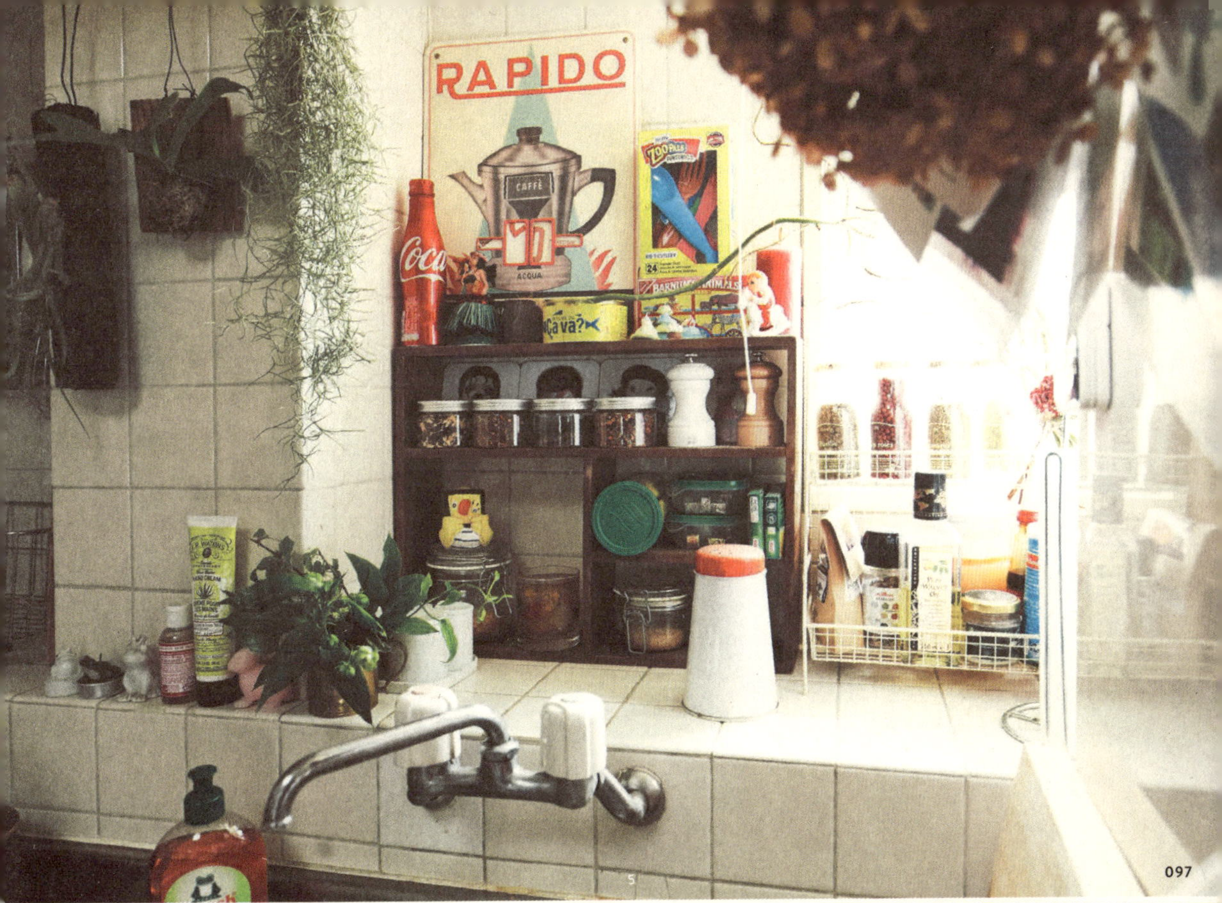
RAPIDO
CAFFÈ
ACQUA
Coca
Ça va?

Pilgrim
HAMBURGER
SPORT-VEREIN

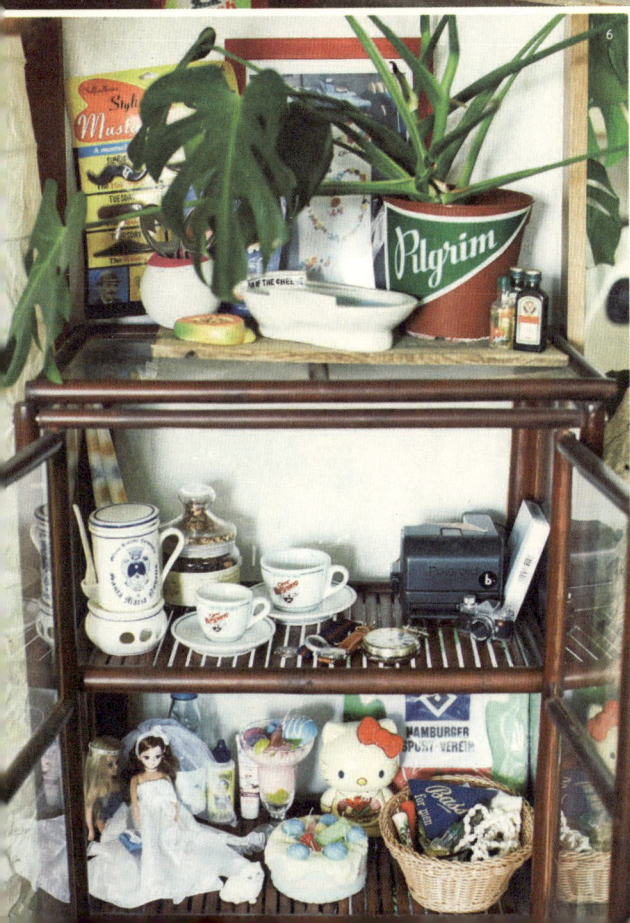

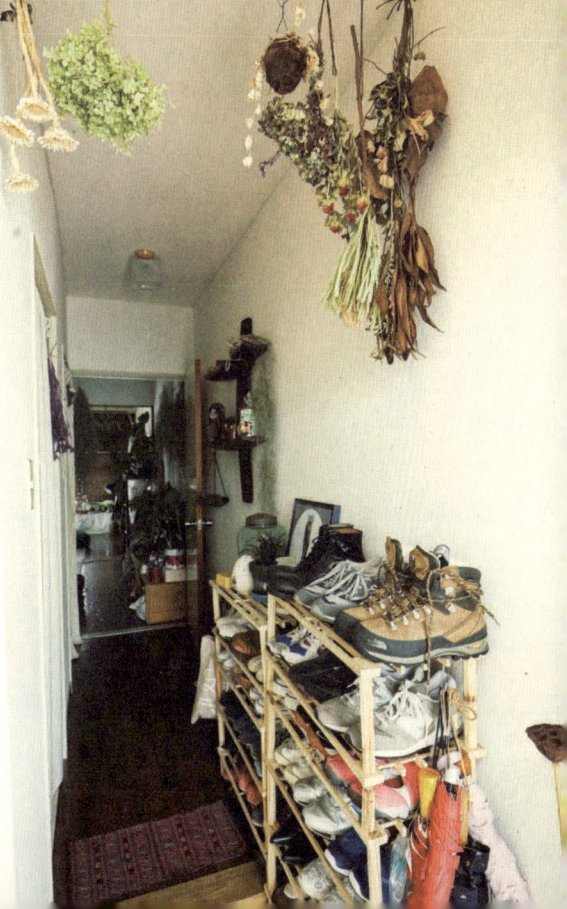

书架上装饰着植物和动漫人物手办活跃气氛。喜欢看网球的二人用投影机将画面投射到墙上，边在大屏幕上观看边欢呼。如此利用空间享受二人共同的兴趣很难得。

MY PRIVATE
WARDROBE

水上的爱用品，Pop设计引人注目。美式薯条图案的针织衫、有英国国旗图案的针织衫都在Ray BEAMS有售。中川翔子和BEAMS共同开发的品牌mmts出的、印有她的爱猫玛米塔斯的连衣裙也很受水上喜爱。还有户外用TRANGIA的煮锅等与BEAMS联合推出的商品。

喜欢户外运动的水上爱用的HELINOX椅子，上面放的是多年收集的BEAMS的商品目录和杂志。水上说"原本就喜欢BEAMS的产品目录，自然而然就攒下了（笑）"。最上面放的是BEAMS BOY1999年的商品目录、BEAMS在二十五周年之际制作的特辑等，可以感觉到品牌的历史，都十分珍贵。

100
岛田 华衣

BEAMS BOY 原宿
26岁/神奈川县横滨市

顺着缓缓而上的丘陵走到顶端，就到了岛田的公寓。复式公寓所特有的高天花板令一室一厅的房间通风极佳，让人感觉很宽敞。窗帘架上挂着传说中的滑板名人史蒂夫·卡瓦列罗（Steve Caballero）签名款的VANS HALF CAB。墙壁上还有多件珍贵的滑板。手冲咖啡的香气诱发出的醇熟时光与潜匿在房间中的街头文化交相争艳，很是有趣，这里甚至可称为秘密基地般的空间。

——生活方式中重要的主题是什么？
滑板。

——休息日喜欢如何度过？
早起喝咖啡，去海边。然后看海。若时间充裕，白天就去找朋友玩滑板。

——最重视的时间？如何度过？
尽量做自己喜欢做的事或是想做的事。还有休息和日光浴。

——缓解压力的方法？
海外旅行。

——请告诉我房间的主题和布置原则吧。
滑板&街头风。

——最喜欢家里哪个场所？喜欢在那里做什么？
坐在窗边的长椅上休息。

——家里最珍爱的物品是？
工作调动时同事送我的贺礼手制"滑板不倒翁"。是正在玩滑板的不倒翁，跟我非常喜欢的SANTA CRUZ的广告中吉姆·菲利普斯（Jim Phillips）所用的题材一样，有"动"这个年度字，世界上仅此一个。我把它供奉在房间入口的高处。

——收集的东西或毫不犹豫就会买下的东西是？
与滑板相关的小东西。

——给不收拾房间的人一个建议吧。
丢掉不需要的东西。

——喜欢哪种时尚风格？
滑板、冲浪、工装。

——每日穿搭中，你最爱用的单品是？
这三年一直喜欢MISTER FREEDOM的牛仔裤。偏肥大的剪裁刚好合适。

——喜欢用哪些时尚品牌来打造自己的风格？
TOYO ENTERPRISE、KAPTAIN SUNSHINE、BATTENWEAR。

——室内装饰和时尚服饰的信息来源是？比如经常阅读哪些杂志或书籍，浏览哪些网站？
海外滑板店的Instagram。L.A.的Jokers Skate Shop和新墨西哥的Skate City Supply等。

——今后想要的东西？
麦秸帽子、户外服。

——简要概括，提升品位需要什么？
将喜欢的东西坚持到底。

沐浴着窗边的柔和日光，
品尝手冲咖啡。即使是平
淡的日常，这也是岛田最
珍惜的时光。今天使用的
咖啡豆是在驹泽大学的
PRETTY THINGS买的
"Ethiopia"。

1.海外旅行时在新墨西哥和加利福尼亚等地买回的颜色各异的冰箱贴。2.墙上展示着圣地亚哥发祥的滑板品牌LURKVILLE、描绘着长大后的"MAD DOG"的SANTA CRUZ、独一无二的加利福尼亚州形状的EVIL GOOD等珍贵的滑板。3.只有VANS的鞋柜才与这个房间的世界观完全一致。4.水蓝色的餐具架是IKEA的商品。还有在镰仓"MOYAI工艺"买的陶器。5.喝咖啡时的必需品。生日收到的礼物，CHEMEX手冲滤壶和红色珐琅注水壶，不锈钢制的咖啡磨等，都很时尚。6.从电影《咖啡与香烟》（Coffee and Cigarettes）中登场的咖啡桌得到灵感而自制的方桌。其实还能用作被炉桌，非常好用。7.运动鞋收集。鞋盒摆放整齐，可视化收纳。8.张贴着宣传单的玄关门，打造美式车库风。

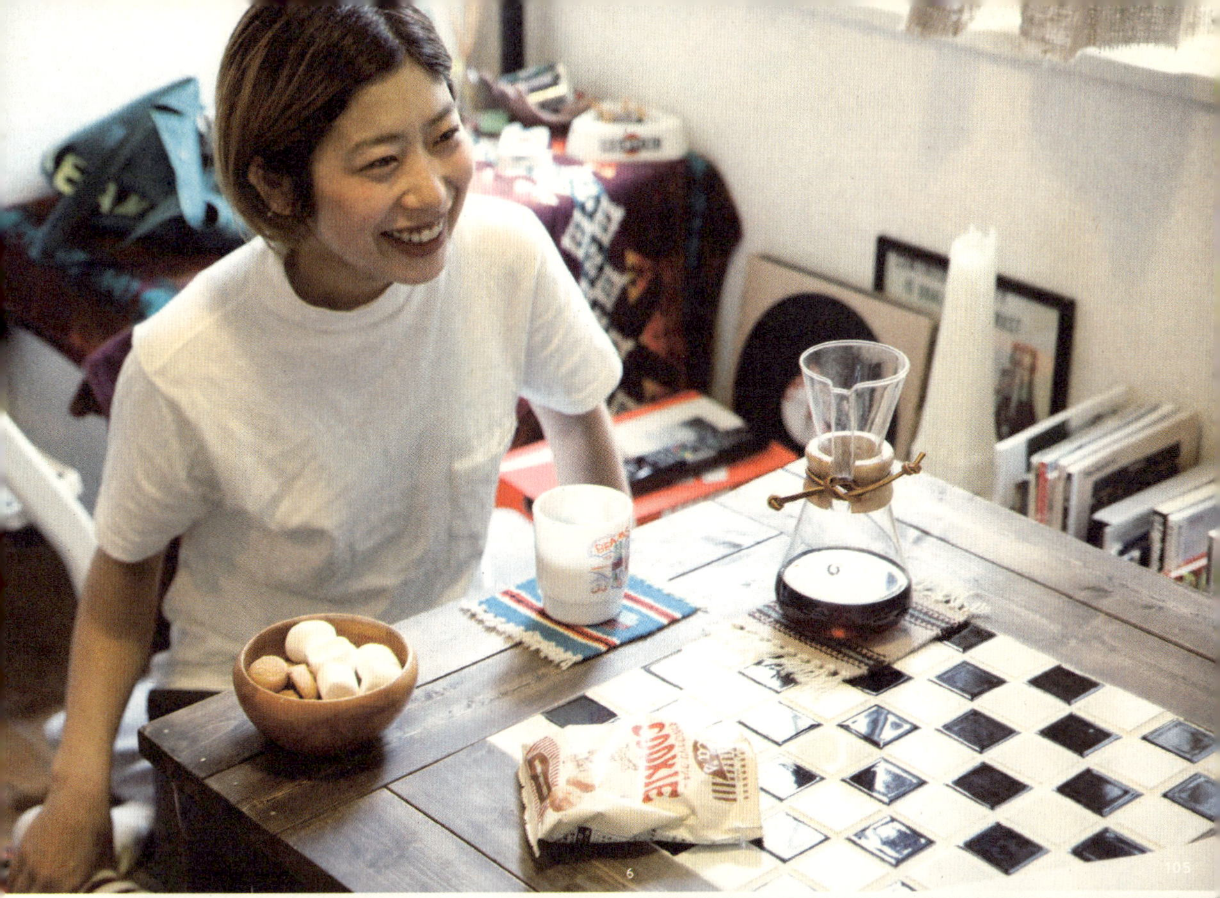
COOKIE
6

VANS
Pilgrim
V44PILGRIM
AUTHENTIC SEA BLUE
6
V98PILGRIM
SLIP ON BLACK/WHITE
VAN DOREN
250893
Zürich
BIRKENSTOCK
adidas
DON'T DO IT.
NIKE
7

CYCLE ZOMBIES
CZ
CALIFORNIA
HOME
BOYZ
have a good time
8

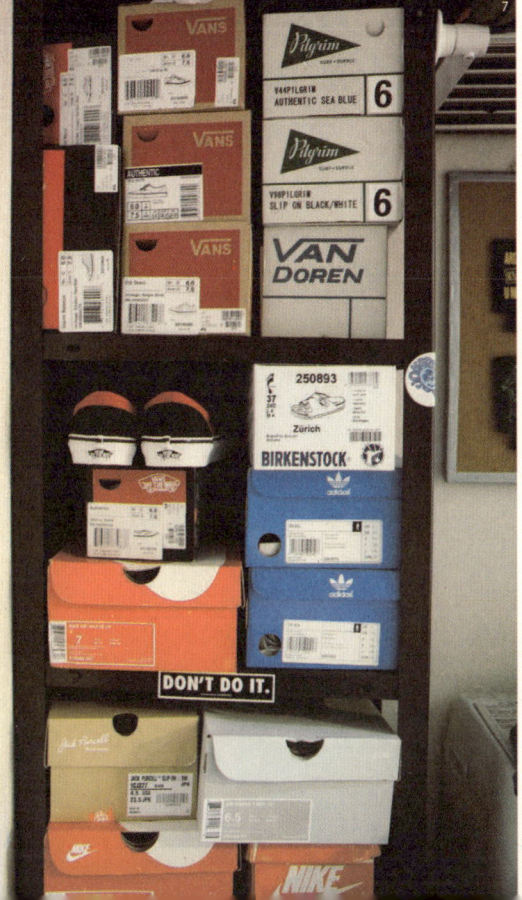

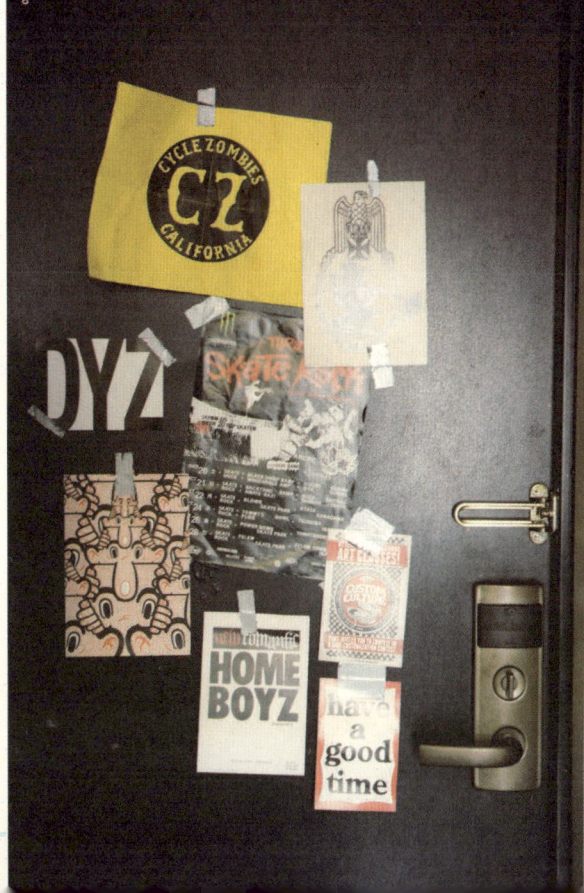

进入BEAMS工作之后,在前辈的邀请下开始玩滑板。"平时经常和前辈们一起去新横滨的滑板公园。离自己家也很近,去公园的路上也有许多植物,感觉很舒服,所以不时就会来这里。"岛田说。

MY PRIVATE
WARDROBE

对岛田来说如同护身符般的饰品和收集而来的滑板品牌贴纸。绿松石挂坠是去新墨西哥时看到的众多珠宝中最吸引她的一件。"想一直佩戴自己喜欢的物件。"岛田说,她把在BEAMS BOY和新墨西哥买到的银饰收纳在BERGER的烟灰缸中。

THE DAY ON THE BEACH的帽衫去海边时也常穿。很喜欢BATTENWEAR白T恤的尺寸,MISTER FREEDOM的牛仔短裤是这几年的经典款。KAPTAIN SUNSHINE的上下装,再加上脚下Pilgrim Surf+Supply×VANS的珍贵帆布鞋,打造出工装&街头风。

了解每棵仙人掌的故事，自己也成为那些故事的主人公，享受培育的乐趣。欣赏生命力之强与造型之美。甚至还瞒着妻子去买……城所对仙人掌的爱无法停止。马上要增加新的家族成员，正在考虑搬家，但如今的住所也颇为舒适，铺设着古品客厅毯，摆放着作为矮桌使用的木箱等。这个空间中编织着城所家的幸福故事。

——生活方式中重要的主题是什么？
朋友聚会。

——休息日喜欢如何度过？
早起，在阳台上看仙人掌，然后沿着附近河岸慢跑五到十公里，冲个澡，和家人一起过休息日。

——为什么选择在这里居住？
是故乡。还有，天空很辽阔。

——倾向于租房，还是买房？
现在是租房，但我倾向于买房。我希望能按照自己的喜好装饰房子，现在正在找合适的装饰物。

——最重视的时间？如何度过？
夜晚，睡前看电影。我喜欢《棉花俱乐部》（The Cotton Club）、《骗中骗》（The Sting）和《逍遥骑士》（Easy Rider）。

——缓解压力的方法？
和朋友聚在一起喝酒。

——请告诉我房间的主题和布置原则吧。
没有特别的原则，就是慢慢积攒起来的。

——最喜欢家里哪个场所？喜欢在那里做什么？
喜欢在阳台看植物，尤其是仙人掌。

——家里最珍爱的物品是？
衣服和植物。特别是鬼面角的砧木和龙神木缀化，一直在用心照料。

——收集的东西或毫不犹豫就会买下的东西是？
仙人掌。

——喜欢的家居品牌（商店）是？
BEAMS、目黑的Sonechika、鹤仙园。

——给不收拾房间的人一个建议吧。
我们家经常举办聚会，想到要叫朋友来，就会努力收拾。

——喜欢哪种时尚风格？
牛仔搭配牛仔。

——每日穿搭中，你最爱用的单品是？
ALDEN的乐福鞋。

——今后想要的东西？
带庭院的房子和植物大棚。还想要GIBSON的民谣吉他。

——迄今为止在工作中，印象最深刻的事是？
结婚时收到了顾客送我的画，非常开心。

养仙人掌大约两年了，如今仙人掌已经填满了整个阳台。"在家时，他大都是在阳台照料仙人掌。"妻子笑道。还把在国外喝的空啤酒罐带回来，当作花盆用。

我们提出希望拍摄他平时做的事，城所就开始为不同种类的仙人掌接木了。"给切刀消毒，切下来，放在作为基干的新仙人掌上，用线绳绑紧就完成了。"他目光认真，聊到这个就话多起来。

1.拍摄时已到预产期的城所夫人。她边笑着说"也许今天就生了呢",边为之后来做客的父母准备众多佳肴。2.直通厨房的玄关里随便放一块布质隔板。脱下的衣服随意一搭就很时尚。3.喜欢睡前看电影的城所收集的DVD从这里可见一斑。都整齐地收纳在玄关旁边的架子上。4.DVD旁边还有CD。倡导LOVE&PEACE的20世纪60年代的音乐,嬉皮系、庆典系、海岸系等,内容与城所的时尚观念与内饰都相通。5.餐桌上放着的真空管收音机是20世纪70年代的物件,改造后能连接MP3。"在八王子的一家叫作'33rpm'的店买到的。记得是花了15000日元。能用现代商品无法再现的音质听MP3,我很中意这点。"城所说。

客厅里聚集了许多具有地方特色的物件。把在现已不存在的MIYAKE FURNITURE的仓库里发现的木箱用作小桌,在园艺商店里买到的木箱当作电视柜。地毯是古着店的样品。

正对面的架子上摆的是用木炭在瓦楞纸上作画的街头画家布彻（Butcher）的作品，是朋友送的生日礼物，用在海边拾到的流木当作相框。餐桌是向居住在和歌山的艺术家定制的原创作品。

MY PRIVATE
WARDROBE

手镯和手表使用流木收纳展示。喜欢瑞典皮革饰品品牌MARIA RUDMAN。在肉用驯鹿的皮和角上用不易氧化的锡料刺绣而成的手镯,让人对其创作精神也产生共鸣。也喜欢SUNSHINE REEVES银质手环的简洁设计。手表是TIMEX,夫妻二人都很喜爱,旅行时也经常使用。

城所喜欢牛仔服,他说"最终想成为《艾比大街》(Abbey Road)封面上乔治·哈里森(George Harrison)那样"。左起是UMIT BENAN的上衣,褪色程度和随意感独具魅力的LEVI'S® 2nd牛仔上衣,詹姆斯·伊哈亲手制作的VAPORIZE牛仔服等。牛仔装搭配时一定要再加上ALDEN的乐福鞋。

除了自己住的房子之外，BEAMS员工心中都还有另外一个家。对于大森来说，那就是拥有一望无际的青空和白色波浪的冲浪胜地加利福尼亚，与交心的伙伴尽情冲浪时十分开心。而摆放在大森家的物品，便能让人感觉到他的另一个家。那些物品摆放在那里，好像很开心的样子，仿佛预先就知道要来这里一样。

——生活方式中重要的主题是什么？
便宜的加利福尼亚风，DIY。

——倾向于租房，还是买房？
倾向于租房。我是向往自由变换居住场所的游牧民风格（已经搬家十多次了）。

——缓解压力的方法？
半年一次的加利福尼亚冲浪之旅。

——请告诉我房间的主题和布置原则吧。
完全没有高价的东西，全都是别人送的或是DIY（就算是买也选旧货店）。还有房间的照明，就算只使用间接照明也能营造出时尚氛围（但是房间暗家人不太喜欢）。

——最喜欢家里哪个场所？喜欢在那里做什么？
喜欢车里。车里是最能体味到加利福尼亚气氛的地方（广播也只听英文电台）。

——收集的东西或毫不犹豫就会买下的东西是？
去海外的话就会买精品冰箱贴，有一百多个了。在美国，从文身店到甜甜圈店，处处都有招财猫，倒是出人意料的美国文化。

——喜欢的家居品牌（商店）是？
在家附近的一家旧货店，婆婆们都很喜欢去，没有名字。

——喜欢哪种时尚风格？
不会与人撞衫的DIY风格。

——每日穿搭中，你最爱用的单品是？
用五美元买到的LEVI'S®的长裤。每周有三天会穿这条裤子。

——室内装饰和时尚服饰的信息来源是？比如经常阅读哪些杂志或书籍，浏览哪些网站？
加利福尼亚和从朋友那里听到。

——简要概括，提升品位需要什么？
简则美，总之先要去尝试。

——加入BEAMS的契机是？
浏览BEAMS二十五周年的Boon页面时，看到上面有BEAMS的前辈是冲浪选手（儿玉先生），觉得在这里工作会很开心，以此为契机。

——在BEAMS的最大好处是？
现在非常开心！

——迄今为止在工作中，印象最深刻的事是？
打工时我接待的第一位顾客在我入社考试合格时送来了祝福。那之后已经过了十年，现在我们过年还会互寄贺年卡。

随意摆放在桌子上的招财猫是在美国买的。不太新的星条旗、加利福尼亚汽车旅馆风格间接照明的明暗落差、杂乱摆放的冲浪板和艺术作品,这些都有大森的风格。

1.喜欢的冲浪板也成了女儿的画布。写上姓名、画上家人画像的冲浪板,成了大森的宝贝之一。2.儿童房是用壁橱改造的DIY作品,还有刺绣师妻子的创意闪烁其中。满溢着父母爱意的小房间是女儿最喜欢的地方。3.收集的绣章,女儿的画,老照片,镜框里是带有美国地图刺绣的T恤,这房间一角仿佛小小博物馆。4.收集的钥匙链,见到就会买下来,上面的文字"NICOLE"与女儿名字相同。5、7.令大森自豪的爱车。车顶上挂满了徽章,外观效仿加利福尼亚的冲浪风格,特意去吹海风、贴上车贴,还有认识的艺术家手绘的插画。有数不尽的讲究。6.冰箱贴有的是收到的礼物,有的是在旅行时买的。大森说"来自不同朋友的礼物,有时图案却一样,很有意思"。

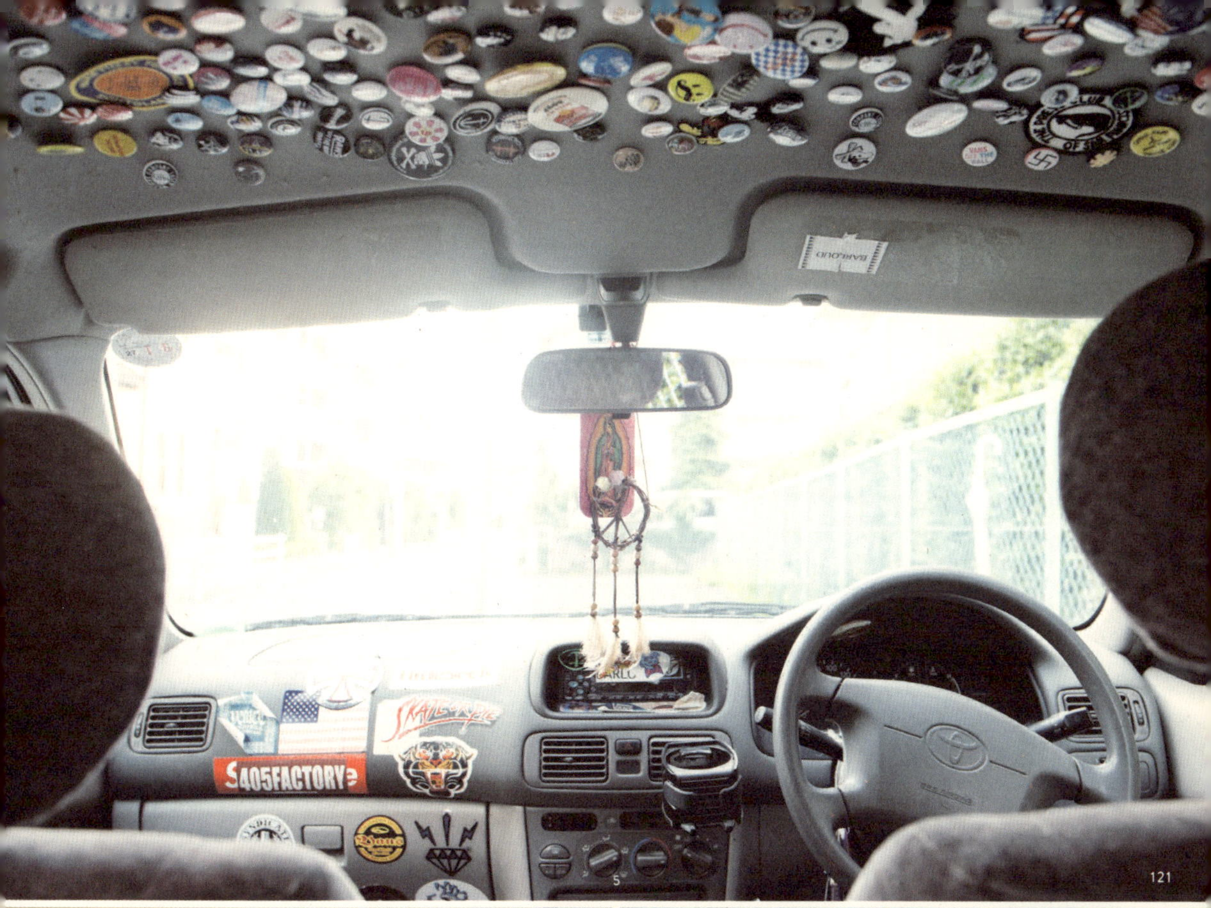
405FACTORY
5

6
USA
SAN FRANCISCO
PACIFIC COAST HWY
HAWAII

7
USA
VANS "OFF THE WALL"
Pilgrim
HOWL
VANS
725

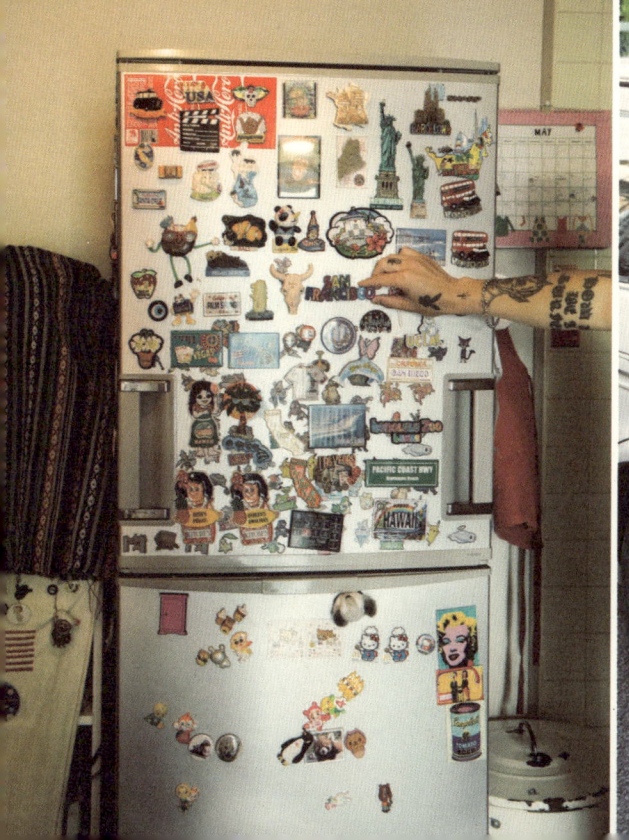

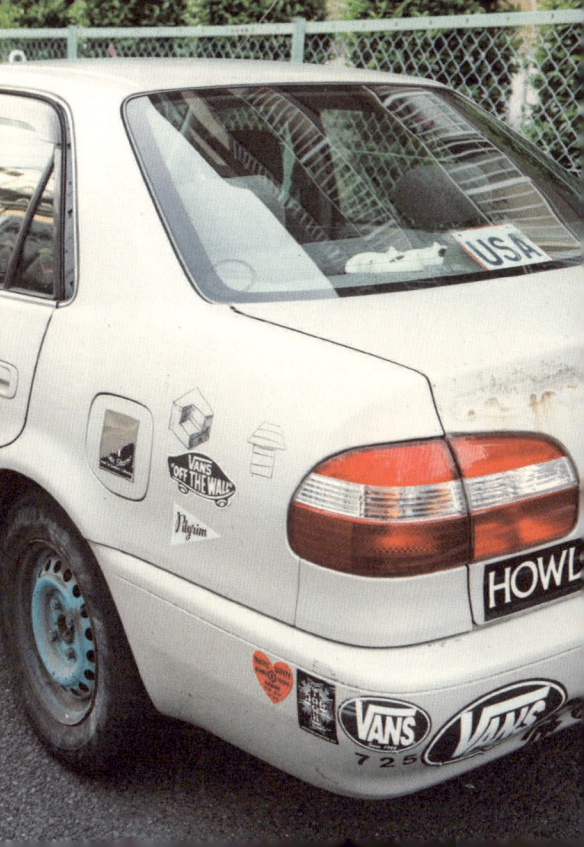

摆满客厅一面墙的艺术品和滑板。电影《狗镇之王》（Lords of Dogtown）的美版大幅海报随意贴得恰到好处。在家人齐聚的地方也会有品位地摆设喜爱的物品，这是大森的美学。

MY PRIVATE
WARDROBE

充满美国文化气息的服饰。THE KHAKI的古着改款墨西哥风帽衫是大森策划的商品,BEAMS Planets上有售。LEVI'S® 507xx的外套是作为工作十周年纪念买的。POWELL PERALTA的短摆夹克是20世纪80年代的商品。印有美国冲浪杂志SURFER MAGAZINE LOGO的夏威夷衫很少见,也是很重要的一件服饰。

大森被BEAMS员工爱称为"铁哥(ビグ)",胡须(ヒゲ)蜡是不可或缺的。这在美国是冲浪者的必备之物,在冲浪用品商店有售。专用的小梳子也是必需品。HERMÈS的戒指、用了十多年的硬币挂链,每天都会佩戴。

应该是最近一年才疯狂喜欢上植物的。早上醒来，先去看鳄鱼，然后去看植物。用手抚摸每一株植物，来回观看，不时念叨"今天也很健康吧？没什么异常吧？"之后才终于在特立尼达椅上落座。早饭是自制火腿和长面包。果酱用的草莓是在市民农园里采摘的。近藤的精致生活，让任何人都想试着模仿。

——生活方式中重要的主题是什么？
被植物环绕着的生活。

——休息日喜欢如何度过？
田→海→园艺店。

——经常去哪家园艺店？
在五反田每三个月举办一次的多肉植物大集市和池袋西武的屋顶园艺店。

——为什么选择在这里居住？
离老家近，离海近。

——最重视的时间？如何度过？
与植物在一起的时光。

——请告诉我房间的主题和布置原则吧。
不拘于一个类型，收集各种各样的物品。

——最喜欢家里哪个场所？喜欢在那里做什么？
在沙发上读书。

——家里最珍爱的物品是？
植物和古着。

——收集的东西或毫不犹豫就会买下的东西是？
20世纪四五十年代的古着棉布休闲裤。如果有合适的尺寸马上就会买下来。

——喜欢的家居品牌（商店）是？
P.F.S.PARTS CENTER。

——给不收拾房间的人一个建议吧。
给物品按颜色分类或是按品种分类，就能很整洁地收纳好。

——每日穿搭中，你最爱用的单品是？
20世纪四五十年代的军装、60年代的牛仔裤。穿上老款的衣服感觉很舒服。

——喜欢用哪些时尚品牌来打造自己的风格？
美国的古着。

——今后想要的东西？
VOLKSWAGEN的Gross Polo或Gross Golf。

——简要概括，提升品位需要什么？
追求原创。

——加入BEAMS的契机是？
学生时代的憧憬。

——在BEAMS的最大好处是？
不管是人还是物，都有机会见到本尊。

"在离家步行十分钟的市民农园里采摘的草莓,吃不完,所以做成果酱了。"从辻堂的27 coffee roasters买来的咖啡,与居住在法国、作为巧克力制作师的姐姐送的Louvigny的巧克力味道十分相配。

近藤与女朋友一起住，上面的照片是近藤的房间，放着他喜欢的植物和登山用品。阳台上的香草类植物由女朋友栽培，随意放着的军用折叠椅很帅气。

1.这棵浑圆可爱的植物,竟然树龄二百年! 只生长在马达加斯加的棒槌树属象牙宫。请专业栽培人员千里迢迢从马达加斯加带回。2.在近藤的"兴趣屋"一角堆积着收纳箱和大双肩包。他说"这里收纳着过季的衣服和不用的物品。用BEAMS也在销售的OSPREY车轮袋装不要的物品,直接就可以带去跳蚤市场出售"。收纳箱是PLANO。双肩包上是三只非常珍贵的patagonia品牌玩偶。3.书架是20世纪80年代的军用品。主要是山与自然、洋装相关的书籍和摄影集。喜欢的书是《全球概览》(The Last Whole Earth Catalog)。野鸭和鱼是在飞騨高山上买的真木艺的木版手染玩偶。4.卧室的架子上,摆放着每天搭配必备的帽子。

从客厅往窗外看,是一片植物的世界。阳台上的植物摆放在古品缝纫桌台上,别有一番风情。沙发背上搭着PENDLETON的浴巾和patagonia的毛呢毯。

MY PRIVATE
WARDROBE

钟情原创的近藤的服饰中，最先跃入眼帘的是20世纪60年代初的LEVI'S® 501XX。旁边是orSlow的原色未水洗牛仔裤。还有可誉为patagonia起点的20世纪70年代的短裤。这些是在町田的古着店里买到的。旁边是patagonia20世纪90年代的商品册，附首发纪念册。

主题是户外&植物。最前面是烧开水用的EVERNEW钛合金锅。左边是饭盒锅。右边是Solo Stove超轻柴火炉。seychelle的水壶带净水功能。高山摄影师安塞尔·亚当斯（Ansel Adams）的摄影集。还有最喜欢的多肉植物，大戟属的布纹球，这么大的很罕见。

132
本间 征东

物流部
37岁 / 千叶县柏市

这是一栋与小神社毗邻、常有舒适微风吹过的房屋。前年秋天，本间和父母一起建造起这栋住宅，休息日，朋友们会聚到位于二楼、采光充足的客厅。妻子的厨艺堪比厨师，桌上摆满她亲手制作的菜肴，大家一起边吃边聊冲浪爱好、每日琐事和工作。本间腼腆地说："在家中的时光真的很幸福。"看到他的灿烂笑脸，就知道他所言非虚。

——生活方式中重要的主题是什么？
感受大海的氛围。居住的舒适度。

——休息日喜欢如何度过？
和朋友一起冲浪后，和家人去超市购物，回家吃烤肉。

——为什么选择在这里居住？
能够同时感受城市和大自然。方便去大海。

——倾向于租房，还是买房？
买房。因为发现了好地方。

——最重视的时间？如何度过？
休息日上午去冲浪，这是我的爱好，下午和家人一起度过。

——缓解压力的方法？
冲浪。

——请告诉我房间的主题和布置原则吧。
大海的气氛。

——最喜欢家里哪个场所？喜欢在那里做什么？
在沙发上边吃JAGARIKO罐装薯条边看电视。

——家里最珍爱的物品是？
冲浪板。一共有四块。现在最喜欢用MILNE的冲浪板。

——喜欢的家居品牌（商店）是？
一翠窑的陶器。

——给不收拾房间的人一个建议吧。
我也不会收拾。所以，还是跟会收拾的人在一起比较好。

——喜欢哪种时尚风格？
有点幽默感的。还有显瘦的类型。

——每日穿搭中，你最爱用的单品是？
帽子和印第安饰品。

——喜欢用哪些时尚品牌来打造自己的风格？
BEAMS。喜欢原创，也喜欢精选商品。有许多有意思的商品。

——室内装饰和时尚服饰的信息来源是？比如经常阅读哪些杂志或书籍，浏览哪些网站？
NAKISURF，摄影师兼专业冲浪手船木三秀会在上面发表观点。

——今后想要的东西？
冲浪板，但妻子说"之前不是刚买了吗，不许买啦"。

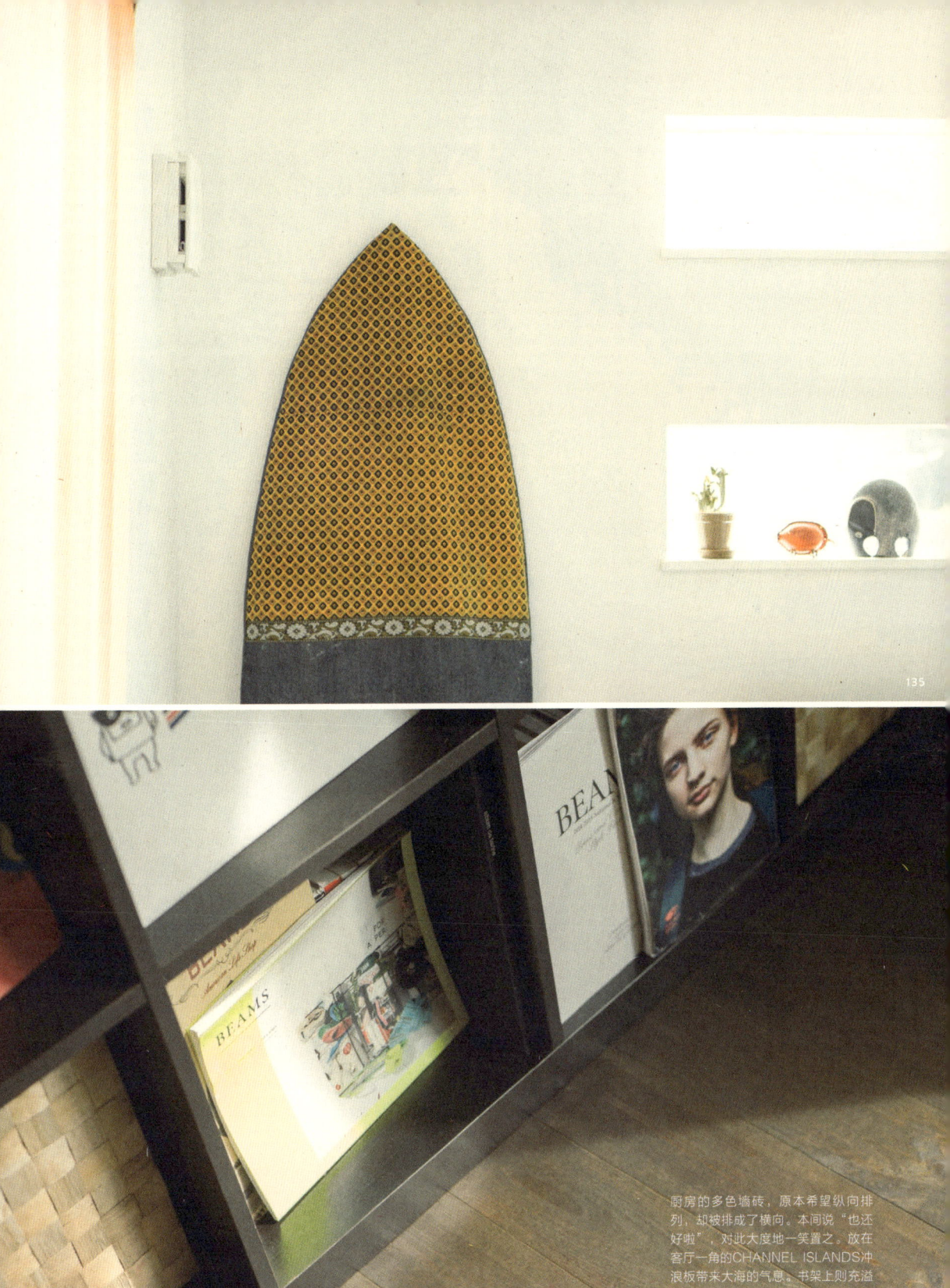

厨房的多色墙砖，原本希望纵向排列，却被排成了横向。本间说"也还好啦"，对此大度地一笑置之。放在客厅一角的CHANNEL ISLANDS冲浪板带来大海的气息。书架上则充溢着对BEAMS的热爱。

1.放在厨房旁边的小仙人掌,清新脱俗。2.书架顶上,以本间热爱的NAKISURF海报为首,还摆放着Landscape Products的积木和妻子在巴厘岛一见钟情的鱼形摆件等。3、4.妻子正在切刚烤好的牛肉。刀工很好。5.平时用的饰品和小物件收纳在木质托盘中。6.东侧房间目前用来放置杂物,将来会作为儿童房。7.与客厅相邻的卧室。简洁而稍有时尚感。8.妻子烹饪的美味菜肴对本间来说也是一种享受。以烤牛肉为首,鲣鱼生鱼片蘸韩式甜辣酱等,今天也有诸多美味菜肴。江户切子、冲绳的琉球玻璃杯和一翠窑的盘子等餐具将料理衬得更加美味。

阳台与餐厅相邻，放着露天用的椅子，打造可以感受微风吹拂的休憩场所。餐桌上的灯具是照明艺术家谷俊幸的作品。桌椅选择了外观可爱、使用方便的类型。

MY PRIVATE
WARDROBE

喜欢有幽默感服饰的本间的衣橱。最喜欢的是有"ONIGIRI UNIV."和"OBENTO HILLS"印花、加藤丈文的套头衫和T恤。还有哆啦A梦×BEAMS和PATTA的T恤。衬衫除了BEAMS PLUS的原创,还有许多INDIVIDUALIZED SHIRTS等图案款。脚下的CONVERSE和VANS运动鞋是基本款。

让本间完成平时搭配的帽子和饰品。迷彩帽是BEAMS BOY的商品,花纹帽是YUSUKE HANAI,麦秸帽有的是别人从巴厘岛带回的礼物,还有KAPITAL和BEAMS PLUS等。他很喜欢ZIPPO打火机,钥匙链、指环等银饰则喜欢BILL WALL LEATHER的。印第安饰品和在巴厘岛买的龟纹项链也每日佩戴。

140

吉川 基希
吉川 俊子

 |  | BEAMS 买手/EFFE BEAMS 总监
36岁、37岁/东京都涩谷区

吉川夫妇都是买手，就算是旅行时突然看中的物品，也无须商量，直接买下就OK。在意大利看中的狐狸面具搭配附近捡到的小马装饰，马克·冈萨雷斯（Mark Gonzales）的照片配DANSK的冰桶。客厅里各种物件共存，就像是两人在进行无声的交流。这是尊重彼此品位、相互信赖的夫妻二人宁静而充满爱的空间。

——生活方式中重要的主题是什么？
酒和食物。中午就在代代木公园喝酒。还去过上野和吉祥寺喝酒。

——休息日喜欢如何度过？
去青山的瑜伽培训班，去富谷的乌冬面店和岛屿。

——为什么选择在这里居住？
离公司近。还有离代代木公园近也是很大的原因。

——倾向于租房，还是买房？
倾向于租房。现如今还没有考虑买房。

——最重视的时间？如何度过？
在家悠闲地喝酒，享受美食。

——缓解压力的方法？
比克拉姆瑜伽。两人在青山上培训班。很需要力气，能畅快出汗。

——请告诉我房间的主题和布置原则吧。
只放置彼此喜欢的东西，放在合适的场所。

——最喜欢家里哪个场所？喜欢在那里做什么？
一个人坐在窗边的椅子上，悠闲地喝酒。（基希）窝在沙发里读关于料理的书。（俊子）

——收集的东西或毫不犹豫就会买下的东西是？
毛毯。都叫我别买了。（基希）装饰铆钉，手链，厨房用的物品。（俊子）

——喜欢的家居品牌（商店）是？
THE CONRAN SHOP。

——给不收拾房间的人一个建议吧。
扔掉东西！

——今后想要的东西？
大沙发。

——简要概括，提升品位需要什么？
让衣食住充实起来。

——在BEAMS的最大好处是？
能夫妻俩一起做买手。遇到很好的员工。有许多的邂逅。

——迄今为止在工作中，印象最深刻的事是？
两人同时期进公司，找到了人生的伴侣，应该是这件事吧。

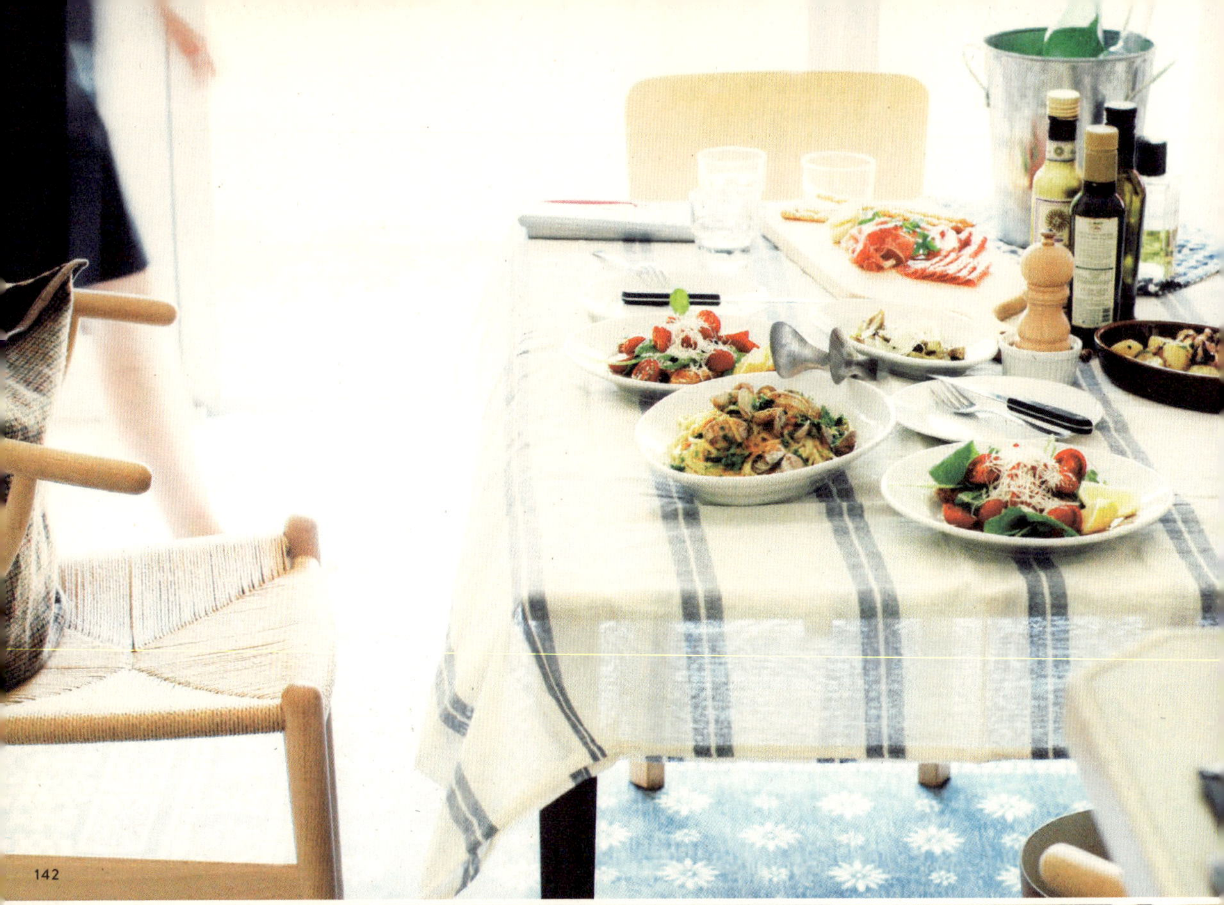

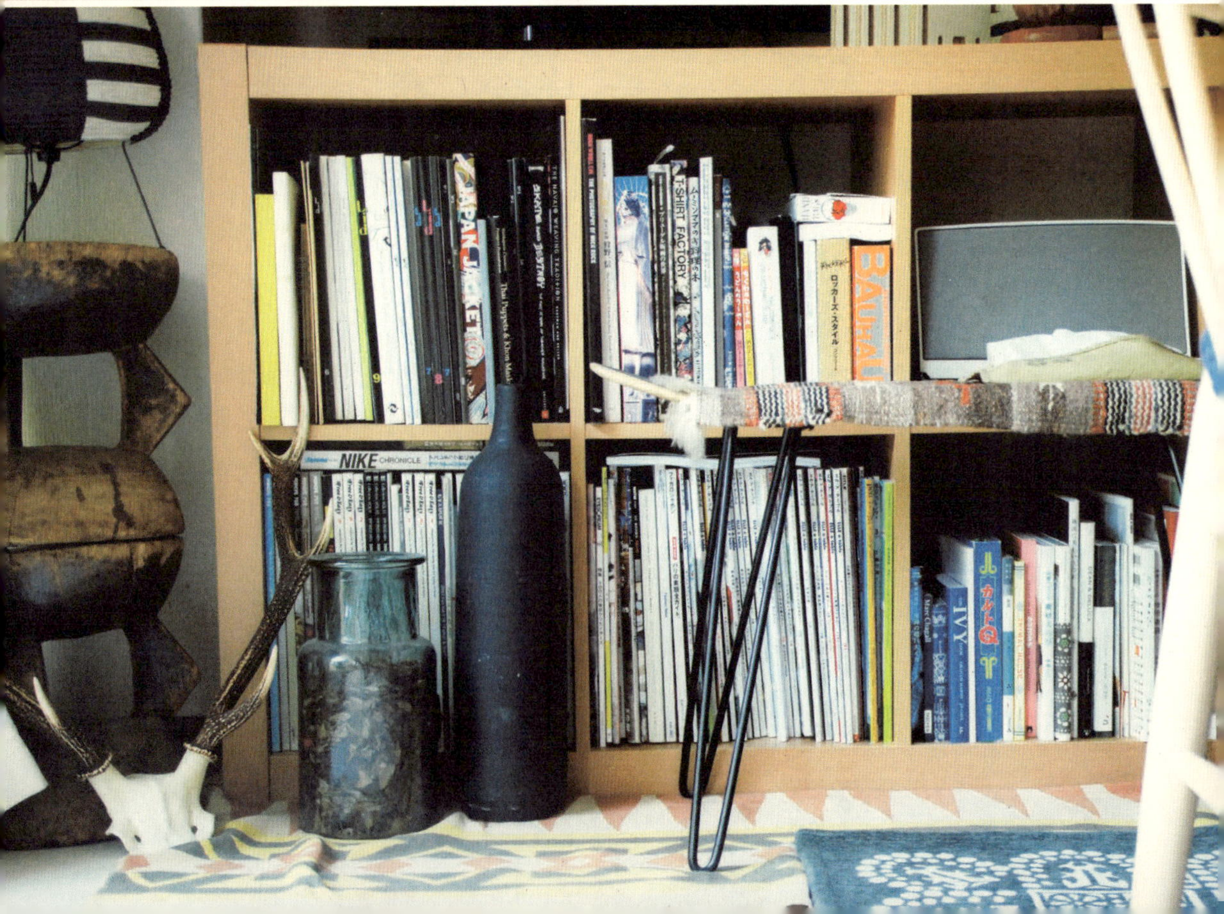
NIKE CHRONICLE
T-SHIRT FACTORY
ロッカーズ・スタイル

沐浴着柔和灯光的餐桌,上面摆放着俊子亲手烹制的菜肴。书架旁边是在巴黎的跳蚤市场上遇到的非洲矮凳,还有鹿的头骨。马克·冈萨雷斯的照片、DANSK和非洲枕头错落有致,基希很喜欢。

1、6.二人生活的关键词是"美味佳肴和酒"。各自出差都较多,休息日会一起悠然度过。今天的菜肴是米兰风味炸猪排、蛤蜊意面配乌鱼子、炖土豆和章鱼沙拉等。2.墙上装饰的是mina perhonen的毛毯。LEVEL的自行车是基希的物品。3.书架上以花井祐介的人偶为首,还摆放着mina perhonen的玻璃杯、DANSK的烛台和奶酪切刀,还有从美国带回来的大松塔。4.SKATE FURNITURE的滑板椅用一块小毛毯卷起来,与房间的气氛很融洽。5.柜橱上摆放着EAMES House Bird(伊姆斯小鸟),搭配小鹿田烧的花瓶和大盘,还有在意大利买的星星摆件,盛放干花的SANTA MARIA NOVELLA香薰等,与UNDERCOVER海报的搭配也很有趣。

沙发和矮桌是天童木工的作品。在这张沙发上看菜谱是俊子重要的休闲。从上任主人那里买来的民艺品假面与木纹精美的STORMY MONDAY的切板成了白墙上的点睛之笔。

MY PRIVATE
WARDROBE

这些二十年前的LEVI'S® 2nd上衣和背后有日本地图和龙纹刺绣的帅气机车服等有年代感的衣服是基希的行头。他说:"新潟有一家叫作WESTERN RIVER的古着店,我上高中时在那里买到了第一件LEVI'S® 501的BIG E。那之后喜欢的风格基本没变。套头衫和T恤现在当作睡衣,穿出了年代感。"

俊子喜欢的小物件。不知不觉增多的铆钉也能搭配优雅的服饰。钱包和鞋子的品牌是VALENTINO,手镯是BOTTEGA VENETA等。硬草帽是BORSALINO,晚装包是LELYA,银色提包是FALORNI。粉色的卡包是J&M DAVIDSON,围巾是KINLOCH,指环是M.A.R.S和BILL WALL LEATHER等。

150

泽田 理沙

办公室文员
37岁/东京都文京区

用作沙发的是从德国朋友、一位爷爷那里得到的古老客床。绝妙的旧朽程度让它满载着闲适感。靠垫套是用古品marimekko和ARTEK的布料缝制而成。

泽田家位于洋溢着下町风情之地,是由房龄四十年的老民宅翻修而成。家中的爱猫小虎自由而随意。她说"没什么特别的讲究,只要猫和自己都能待得舒服就好"。这是在认识的装修公司和知心伙伴们的帮助下,一点点建造起来的DIY之家。她在生活中,继承并热爱着那些当今需要重视的、古老而美好的事物。

——生活方式中重要的主题是什么?
随意、不勉强地生活。

——休息日喜欢如何度过?
最好的休息日,早起去海边,下午边喝啤酒边烧烤。没法去海边时,就去练瑜伽或健身,骑单车或慢跑之类,然后到附近温泉让一周的疲惫归零。

——为什么选择在这里居住?
是熟人介绍的,希望体会下町独有的人情味,获得根津神社里安静能量的抚慰。

——倾向于租房,还是买房?
租房。不知道是否一生都在东京度过。

——最重视的时间?如何度过?
做不会积聚压力的事。

——缓解压力的方法?
笑。动起来。接触自然。高兴地喝酒。

——请告诉我房间的主题和布置原则吧。
没什么特别的讲究,只要猫和自己都待得舒服就好。

——最喜欢家里哪个场所?喜欢在那里做什么?
或是在客厅与猫闲坐,或是自己做菜下酒,悠然度过。夏天天气好时在阳台喝酒。

——家里最珍爱的物品是?
一张认识的爷爷给的客床,在其他地方都找不到,也可以当作沙发,很珍惜。

——喜欢的家居品牌(商店)是?
虽然不止这一家,但我绝对信赖fennica(前身是BEAMS MODERN LIVING),我之前就在那里工作。

——喜欢哪种时尚风格?
不过于刻意,简洁而不令人生厌,能够自由活动的风格。

——今后想要的东西?
长板、汽车、新的MacBook、超大靠垫。

——简要概括,提升品位需要什么?
去许多地方,看许多东西,与许多人交谈。不要作茧自缚。

——加入BEAMS的契机是?
在就职面试时能表现出最真实的自己,很开心。

——迄今为止在工作中,印象最深刻的事是?
从零起步的BEAMS TAIPEI开业的情形。

1.客厅里，用谷中isetatsu店的和纸做成的小鱼吊饰在窗边翩翩游动。2.为了能让小虎攀爬玩耍而颇费心思的家。猫食盆是ALESSI的商品。3.从朋友的爷爷那里得到的和纸吊灯与红色的野玫瑰果实营造出风情。4.手工搁板上摆放着带有"Kiss me I'm a prince（吻我吧，我是王子）"标牌的青蛙玩偶。"摆设的是很喜欢、从小一直保存的东西。圆球其实是小虎玩的毛球（笑）。团来团去就变成这样了。"5.室内植物听取了位于千驮木的平泽刚生花店的安排，让餐桌显得更洁净的绿植很有效果。6.二楼卧室里漆涂的钴蓝色墙壁是亮点。墙架上摆放着纪念照片。7.打开窗，屋里就清爽起来，仿佛有好心情从窗外流淌进来。

5

6  7

155

在帆布躺椅上休憩的泽田和小虎。12岁的小虎从幼崽时期就和泽田在一起。泽田对于小虎就如同母亲。在家时小虎总是黏在她身边。铺在椅子上的紫色旧亚麻布营造出柔和之感。

MY PRIVATE
WARDROBE

休息日喜欢去大海享受冲浪的泽田，其行头都是喜欢的海滩装。加利福尼亚发售的SEEA户外服是在Tokyo CULTUART by BEAMS上购买的。Mollusk的短裤是在旧金山总店找到的，沙滩拖鞋是夏威夷品牌Locals的。冲浪板专卖店里，专业人员推荐购买的冲浪板是MOREY的产品。

主题是"旅行"。旅行携带的物品和与旅行相关的书刊。在B印 YOSHIDA购买的帽子是WACKO MARIA的商品。Ray BEAMS也有售的adidas×White Mountaineering运动鞋。在父亲的影响下从小就熟悉的《国家地理》（*National Geographic*），朋友送的生日礼物《旅馆之书》（*The Hotel Book*）。"没法去旅行的时候，就看这些想象。"泽田说。

158
木村 昌二

BEAMS 名古屋
44岁 / 爱知县长久手市

"**房**间主题就是简洁开放。"木村说。听取设计师朋友建议的同时,外观、内饰、建材等都体现了妻子的创意,妻子也曾是他的同事。灰浆墙壁、无垢板的地板,在窗外阳光的沐浴下很是温暖惬意。为了与客厅和阁楼地板连通,阳台上也铺设木地板,形成可以与家人开心交流的空间,让视觉和心情都更开阔。

——生活方式中重要的主题是什么?
读书。锻炼。

——休息日喜欢如何度过?
逛旧书店。和儿子两人去攀岩训练或是去踢球。

——为什么选择在这里居住?
自然风景很多。房子前面有公园。

——倾向于租房,还是买房?
买房。觉得能成为资产较好。

——最重视的时间?如何度过?
读书。

——缓解压力的方法?
读书。

——请告诉我房间的主题和布置原则吧。
在前辈和朋友家看到好的地方就试着模仿。现在也还在学习。

——最喜欢家里哪个场所?喜欢在那里做什么?
在一楼的吧台看书。家人睡觉后在客厅沙发上看电视。

——家里最珍爱的物品是?
小鹿田烧、坂本浩二的睡莲钵,前辈介绍我买的。

——收集的东西或毫不犹豫就会买下的东西?
金子正次、吉田豪、西村贤太、与格斗技相关的书和漫画入门书(不会画漫画,但喜欢看)。

——喜欢的家居品牌(商店)是?
名古屋市名东区的Favor。

——喜欢用哪些时尚品牌来打造自己的风格?
SCYE、Yo's Yo、Sanca、BEAMS。

——室内装饰和时尚服饰的信息来源是?比如经常阅读哪些杂志或书籍,浏览哪些网站?
右近亨编辑的杂志、山本康一郎的造型、梶原由景的博客和文章、前辈和田健二郎的博客和Instagram。

——今后想要的东西?
不是物品,我想要一只狗,弗莱特寻回犬。还有锻炼用的壶铃。

——简要概括,提升品位需要什么?
模仿品位好的人。现在我也在学习。

在二层楼梯上不经意间往下看的景色。靠墙放着的布鲁斯·韦伯（Bruce Weber）摄影展的海报在一隅散发出强烈的存在感。这是十八年前在伦敦的国家肖像馆里买到的、木村很喜欢的一张海报。

1.木村说"许多东西都是前辈推荐买的。距离买时已有几年时间,也会重新被这些东西的好处所感动"。玄关正面的柜子上摆放着DANSK、EAMES和柳宗理的作品,让他产生了这种感悟。2.融入生活中的民艺陶器。3.和煦的阳光从小窗照进来,琉球榻榻米间的一角成了定期开放的儿童房。4.走到露台上,就看见一株比儿子稍高的枞树。冬天时会把它当作圣诞树。5.中间是丹族的面具,出西窑、上江洲窑、照屋窑等陶器与莉萨·拉森(Lisa Larson)的陶器艺术品摆放在宽大的鞋柜上,有种绝妙的协调感。6.十分爱惜的库巴族地毯是别人送的礼物,上面放着古品竹筐。空气凤梨轻巧地摆放在POUL KJAERHOLM椅子上,很是可爱。7.厨房的照明灯是POUL HENNINGSEN的,灰泥墙架上列队排放着小鹿田烧等器物。

5

6 7

163

一整面墙的书架都被书籍填满。走廊里有阅读空间，还有仙人掌。透光的窗外是中庭，作为纪念树的白蜡树和荆树枝叶繁茂。以白色为基调的房子与植物的绿色形成了柔和的色差。

MY PRIVATE
WARDROBE

"我买的衣服,要能从中看出制作人和购买人的想法。"木村说。搭在沙发上的上衣,右起是orSlow的fennica特别款,SCYE的夹克,Yo's Yo的夹克和马甲,还有CHAMPION的BEAMS特别款T恤。都是简洁同时注重材料和缝纫的服饰。

空手道服铭刻下三十八年的年轮。最近刚买的健身器具。布鲁斯·韦伯的摄影集,其中木村最喜欢《里约热内卢》(*O Rio de Janeiro*)。装饰着铆钉的钱包是metalcraft,卡包和皮带是HTC,手表是MTM PATRIOT。这些都是木村的爱用品,符合他的风格,他说"物品也要选强韧耐用的"。

166

玖 兰心（音译）

BEAMS 台北
26岁／中国台湾新竹市

穿过宽敞的玄关,就来到了中式风格的客厅,摆放着柏木家具,细节处彰显特征。"很喜欢全家人一起在这里饮茶、闲聊。"兰心说。

位于距台北一小时车程之处、以米粉闻名的风之乡新竹,兰心与父母和弟弟就生活在这里。四层居民楼住的都是亲戚。宽敞的客厅里,摆放着独具风情的柏木家具和许多家庭合影,应该是全家休憩的场所。在这个各人的爱好和兴趣绝妙地混合、扎根于生活的不经修饰的空间里,流淌着一种令人怀念、让人安心的空气。

——生活方式中重要的主题是什么?
每月一定会外出旅行,转换心情。

——休息日喜欢如何度过?
大多和朋友在咖啡店或酒吧度过。美味的咖啡和鸡尾酒让心情更好!

——最重视的时间?如何度过?
每天不管多么疲惫,都会重视面对自己的时间。比如写日记。

——缓解压力的方法?
旅行和运动。离开城市就可以更新、重置自己。

——请告诉我房间的主题和布置原则吧。
没有特别的主题,我喜欢黄色,自己重新粉刷了墙壁。在房间里可以完全放松。传统的家规是,外出归来洗手,换衣服,否则就不许上床。

——最喜欢家里哪个场所?喜欢在那里做什么?
客厅。全家人一起边看电视边聊最近发生的事。

——家里最珍爱的物品是?
家的气氛。在房间播放父母最喜欢的古典音乐,弟弟画画,妈妈打扫,我打游戏。这就是我们家的日常风景。

——收集的东西或毫不犹豫就会买下的东西是?
香水。常用COACH的POPPY BLOSSOM。

——喜欢的家居品牌(商店)是?
爸爸是室内设计师,我喜欢父亲制作的家具。

——每日穿搭中,你最爱用的单品是?
背带裤。

——喜欢用哪些时尚品牌来打造自己的风格?
肯定是BEAMS!!

——简要概括,提升品位需要什么?
积极参加各种活动,看更多的东西。

——加入BEAMS的契机是?
一开始是因为喜欢复古元素的衣服才进公司的。在工作中,发现这里潜藏着许多时尚的可能性,觉得这份工作很有价值。

——迄今为止在工作中,印象最深刻的事是?
以前有两位客人在SNS上看到了我的搭配照片,就买了完全相同的一套服饰。这让我很感动。

1.舞娘的挂毯是父母去日本旅游时买回的礼物。东方的感觉与木制家具十分相配。2.房间一角贴着量身高的标尺。"从小时候起就一直贴在这儿。"兰心笑道。3.引以为傲的香水收集。可以从香气和香水瓶的设计等多方面欣赏。4.兰心上学时和朋友拍的照片,塞满笔记本和教科书的书架上满是回忆。5.上中学时开始喂养的爱犬PiPi是多年相伴的家族一员。6.爸爸搜集的木雕摆件。手工制作散发的独特温情,与颜色深浅错落的木制家具相配合,营造出有机感和沉稳的气氛。7.玄关上装饰的水墨画是曾开办个展的画家婶婶送的礼物。古风鞋柜上摆放的盆栽肃然而立。

171

以风大而闻名的新竹地区。兰心经常来到自家屋顶上，边沐浴清风边出神地眺望风景。她说："风可以吹散我在工作中的压力和烦恼。这是让自己归零的重要时光。"

MY PRIVATE
WARDROBE

兰心说:"总的来说,我喜欢户外系和彩色系的服饰。"patagonia帆布包与orSlow的背带裤是最近的固定搭配。帽子也在每日搭配中不可或缺。第二天穿的洋装叠好放在橱柜上。"明天的衣服提前一天准备好的话,早上就可以多睡十分钟呢。"她笑道。

兰心的饰品流行而休闲。在BEAMS购买的有醒目红白条纹的CHUMS钥匙袋,兰心喜欢它卡片大小的尺寸,每天上班都在用。BEAMS的化妆包里常备发带和手机外置镜头。大耳钉是刚开始在BEAMS工作时购买的,直到现在还会经常佩戴,很有纪念意义。

房 间内饰中有仙人球，充满夏威夷风情，不时还有冲浪元素。江口家里到处都放置着仙人球，让人联想到怀基基海滩的小物品和动物剥制标本，虽在公寓一层，却让人联想到广阔的大海和大地。客厅是开放式的，能看到阳台，使人心情放松。江口说"休息日一起床就会去浇灌庭院里的植物"，这天他也在动作熟练地给植物浇水。

——生活方式中重要的主题是什么？
平常自然，被喜欢的东西和植物所环绕。

——休息日喜欢如何度过？
逛建材超市，照顾植物，DIY，给植物换盆。

——倾向于租房，还是买房？
这所房子是买下来的。因为一楼有花园，就毫不犹豫地决定了。

——最重视的时间？如何度过？
与家人在一起的时光。吃饭、购物，去参加女儿的活动。

——请告诉我房间的主题和布置原则吧。
以植物为中心，墙壁和房间都有各自的主题。

——最喜欢家里哪个场所？喜欢在那里做什么？
在阳台上和猫一起晒太阳。给植物浇水。

——家里最珍爱的物品是？
猫。是豹纹的孟加拉猫。

——收集的东西或毫不犹豫就会买下的东西是？
仙人球、印花方巾、太阳镜和夏威夷杂货。

——请说说关于仙人掌的小故事吧。
我去支援广岛泥石流受灾地区时，有位仙人掌爱好者也蒙受灾害。他很难再养育那些仙人掌，就转让给我，我一直在精心照料它们。

——喜欢的家居品牌（商店）是？
出西窑、小鹿田烧、建材超市。

——喜欢哪种时尚风格？
成熟的冲浪风格。

——喜欢用哪些时尚品牌来打造自己的风格？
REMI RELIEF、VANS、NEEDLES、patagonia。

——室内装饰和时尚服饰的信息来源是？比如经常阅读哪些杂志或书籍，浏览哪些网站？
Casa BRUTUS、Facebook、Instagram、Flickr。

——今后想要的东西？
图腾柱、非洲民艺品、提基神像等波利尼西亚杂货。

——简要概括，提升品位需要什么？
去看和接触各种东西。

——在BEAMS的最大好处是？
增加了许多客人和朋友。

——迄今为止在工作中，印象最深刻的事是？
广岛店开业时，和社长两人一起去吴市吃冷面。

关系和谐的一家三口。开心地聊天,就像是在观看仙人球演绎的情景剧。江口旁边是滑板的旧板面,将其进行再利用,让植物的根部附着在了上面。

从种子开始培养的幼年仙人球，随着长大要进行换盆。下面照片中的大型仙人球基本都是别人给的。"有比我年纪还大的。"江口说，开花的仙人球很少见。

1.江口家内外都放满了绿植。妻子三年前开始学习的尤克里里，与在BEAMS买到的草裙舞人偶摆放在一起。2.以夏威夷语的"感谢"命名的爱猫Mahalo。3.一千年前从波利尼西亚传过来，被推崇为夏威夷之神的提基的雕像。4.OAKLEY的太阳镜，主要是骑自行车上班时使用。5.墙上挂着电影创作者、同时也因冲浪与滑板闻名的托马斯·坎贝尔（Thomas Campbell）拍的冲浪电影《萌芽》（Sprout）的海报和夕阳西下时海滩美景的照片。6.具有厚重感的餐桌是从朋友的家居店购入。椅子是EAMES的贝壳扶手椅。在BEAMS买到的灯是LOUIS POULSEN的PH4/3。7.时常为全家冲咖啡的江口。

夏威夷角陈列着描绘夏威夷风情的女艺术家茜丝·布朗（Heather Brown）所绘的以刨冰闻名的Matsumoto Shave Ice的装饰画与夏威夷州地图画，色彩鲜艳而大胆的风格十分醒目。她也是江口喜爱的艺术家之一。

MY PRIVATE
WARDROBE

《仙人球》是1964年发行的书。ISLAND SLIPPER的沙滩鞋,女儿的BILLABONG潜水服等。仙人掌图案的BRIXTON衬衫和ENGINEERED GARMENTS的短裤购自BEAMS。LEVI'S®已经穿了十五年,依旧喜爱。FRIPTS&DOBBELS和REMI RELIEF的T恤穿着很舒适,很喜欢。

BEAMS在售的手环与江口的冲浪风格十分相配。还有"以前就一直买"的二手印花方巾有将近二百块。ROLEX是"高中时爸爸给的",是父亲留下的珍贵纪念品。在夏威夷买到的项链等首饰也很喜欢,很珍惜地使用。

182

柴崎 智典

BEAMS 买手、采购
34岁/埼玉县桶川市

柴崎家小区的房龄已有三十年,负责改造设计的是Landscape Products。宽敞开放的客厅将每个房间隔开,是柴崎最自豪之处。他说:"看着开阔的客厅,就有种安心感。就算孩子长大,也希望家人都能待在一个房间。"阳光从多扇窗户中照射进来,屋里很明亮,就像微笑着的柴崎本人一样。

——生活方式中重要的主题是什么?
不赶时间,被喜爱的物品所环绕。

——休息日喜欢如何度过?
和家人、伙伴一起吃吃喝喝。

——为什么选择在这里居住?
离双方老家都近,比较容易聚在一起。

——倾向于租房,还是买房?
买房。希望在自己喜欢的空间里生活。

——最重视的时间?如何度过?
和家人在一起。

——请告诉我房间的主题和布置原则吧。
使用那些我们都中意、能使用和保存一辈子的物品。

——最喜欢家里哪个场所?喜欢在那里做什么?
客厅。大敞窗户,看着天空和绿植,和儿子一起午睡。

——家里最珍爱的物品是?
全都很珍惜,非要说一个的话就是Mat片山给我们设计的家庭插画。

——收集的东西或毫不犹豫就会买下的东西是?
透明的东西和设计洗练、不冗余的物品。

——给不收拾房间的人一个建议吧。
找个会收拾的老婆(笑)。

——每日穿搭中,你最爱用的单品是?
ENGINEERED GARMENTS的19thBD衬衫。

——喜欢用哪些时尚品牌来打造自己的风格?
BEAMS PLUS和ENGINEERED GARMENTS。

——室内装饰和时尚服饰的信息来源是?比如经常阅读哪些杂志或书籍,浏览哪些网站?
也有从书里或杂志里看来的,但更多是从BEAMS的上司和同事那里获得的。

——今后想要的东西?
一直看也看不腻的大幅画作。

——在BEAMS的最大好处是?
遇到真正为工作交流和碰撞的伙伴们。

——迄今为止在工作中,印象最深刻的事是?
有许多酸甜苦辣,挑不出来(笑)。这九年,身边有许多让自己得到成长的事情,也许这就算最重要的回忆了吧。

开放式的厨房非常方便。用磁板和挂杆整理厨具的收纳法是参考了常去的餐厅的做法。房间里到处都放着与设计相关的物品。

柴崎20多岁时就非常喜欢Landscape Products。他说"希望房子各处都能让人了解我们的家庭",并拜托改建的人员以此为主题设计。休息日和3岁的儿子悠闲度过。

阳光从许多窗户中照射进来,白天一天都不用开灯。天气好时心情真的很好。到夜晚,JAKOBSSON LAMP的柔和灯光充满客厅,营造出与白天截然不同的氛围。

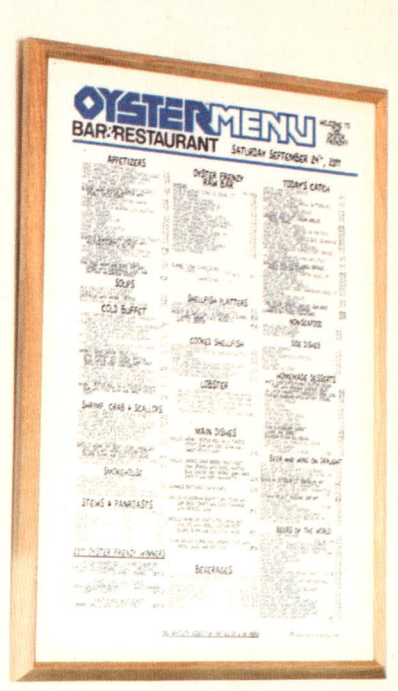

1.纽约中央火车站里，地下人气餐厅GRAND CENTRAL OYSTER BAR&RESTAURANT的每日菜单。是2011年9月24日第一次去纽约时作为纪念品带回来的。"觉得字体和设计很可爱"，就挂在厨房留作纪念。2.从客厅到儿童房，还有卧室，所有房间都用宽幅地板统一起来。3.最讲究的一点是使用天然实木的地板。柴崎"不喜欢在家穿拖鞋，喜欢打赤脚"，家中的地板能够感觉到材料的温度，值得一夸。4.书架上摆放着装修时参考用的时尚杂志和内饰杂志。5.柴崎同时负责HERSCHEL品牌的采购。其设计师凯文·巴特勒（Kevin Butler）为他画了父亲的爱车Cherokee的插画。柴崎重视与人的邂逅，很珍惜工作中遇到的艺术家的作品。

盥洗室是三十年的老材料和装修时增加的新材料混合组成的空间。有怀旧风情的地板，搭配几何形状的时尚瓷砖和白墙，营造出沉稳氛围。随意摆放的植物，点缀出色彩。

MY PRIVATE
WARDROBE

柴崎的衣橱。左边的泡泡纱海军条纹上衣是齐藤久夫的品牌TUBE。柴崎每季都会在BEAMS PLUS订购特别制作的商品。右边的西装和条纹领带是BEAMS PLUS的,其中搭配INDIVIDUALIZED SHIRTS的牛津纺衬衫。

柴崎每年去国外出差四五次。商谈时穿照片第一排的ALDEN,打造传统美式风。在美国时去波士顿比较多,NEW BALANCE和L.L.Bean在那边有总店,会穿这些品牌的鞋子。CONVERSE ADDICT的JACK PURCELL穿起来很舒服,出差时一定会带上。

190

长塚 淳
长塚 理纱

BEAMS JAPAN/Ray BEAMS 买手
34岁、28岁 / 东京都杉井区

予人开阔感的开放式客厅里,整面墙挂了一排blackmeans的洋装上衣。"喜欢的东西放在能看见的地方,心情就会变好,所以不收进衣橱,就挂在这里。"在融入喜欢元素的空间中悠然生活、享受家常菜肴的长塚夫妇的脸上一直挂着笑容。今天也将和往常一样,度过无法替代的二人时光。

——生活方式中重要的主题是什么?
能够放松的空间。

——休息日喜欢如何度过?
在家两个人做饭,悠闲地度过。

——为什么选择在这里居住?
离公司近,街区很清静,可以闲适地生活。

——最重视的时间?如何度过?
在客厅两个人一起过的时间。

——缓解压力的方法?
听广播、打游戏、读书,叫朋友来谈天。

——请告诉我房间的主题和布置原则吧。
自由摆放双方喜欢的东西。

——收集的东西或毫不犹豫就会买下的东西是?
洋装、花、点心。把喜欢的点心放进瓶子里时会很满足。

——喜欢的家居品牌(商店)是?
两人散步,随意看到感兴趣的商店。在冲绳家具街买的家具非常中意。

——给不收拾房间的人一个建议吧。
当天使用的东西当天收拾好。

——喜欢哪种时尚风格?
朋克、硬核风格、90's、乞丐装、大码装等,喜欢各种类型(休闲＋女性化服饰,硬核＋女性化服饰)。

——每日穿搭中,你最爱用的单品是?
机车服,刺绣棒球服,古着。

——喜欢用哪些时尚品牌来打造自己的风格?
blackmeans、Winiche&co、TOGA、JANTIQUES。

——今后想要的东西?
金首饰、带流苏的服饰、高端品牌的古品。

——简要概括,提升品位需要什么?
无论别人怎么想,只穿戴自己喜欢的东西,不在意周围人的眼光。挑战各种风格,找到适合自己的物品。

——加入BEAMS的契机是?
是从上学时就向往的买手店。

——在BEAMS的最大好处是?
邂逅了许多人。

房间里各处都装饰着干花,赋予空间一种和谐的韵律。随季节选择符合房间氛围的花朵,一年到头,能够欣赏各种色彩。

1.长塚夫妇"不想在房间里放置物架",这是在他们衣帽间兼卧室里唯一的置物架。淳喜欢T恤,以他的衣物为主,夫妻俩的洋装都收纳在这个架子上,容易找也容易取放。2.淳喜欢的品牌是blackmeans,这个品牌以朋克、机车、民族风为概念,发售了各种服饰。牛皮制作的工服风格的皮裤,细节的讲究是重点。3.古品小推车是偶然发现的,一见钟情就买下了。有许多家居饰品都是看见的瞬间就喜欢上的。4.非常舒适的沙发是两人在客厅的固定座位。是从祖母结婚以来五十年一直都在使用的偏爱之物。靠垫罩以PENDLETON的大浴巾重新缝制而成,是房间里的亮点。

鲜亮黄色的古品置物盒里放了长塚夫妇的饰物。喜欢银饰的理纱将20世纪90年代流行的CARTIER的情侣戒与印第安珠宝混搭,表达现在的心情。

"虽然不统一,但收集的都是自己喜欢的东西。"进入房间,第一眼看到的就是多肉植物和仙人球等植物。长塚夫妇喜欢的东西,出乎意料十分协调。

MY PRIVATE
WARDROBE

长塚夫妇的行头。左边是皮夹克和牛仔裤等，都是淳的风格中不可或缺的blackmeans的服饰。右边是理纱的服饰，她喜欢与时尚洋装也好搭配的流苏风格。最前面的马甲是古着，在中目黑的JANTIQUES购入。里面的blackmeans的皮夹克吸引人之处也是流苏。

右边靠里的TOGA凉鞋的铆钉是亮点。中间的adidas SKATEBOARDING板鞋是凯瑞姆·坎贝尔（Kareem Campbell）的超级明星款。后面摆放的古品CHANEL手包是理纱的常用物。Winiche&Co.的设计师出品的帽子是淳的中意之物。

198
犬饲 洋平

BEAMS 广岛
37岁 / 广岛县广岛市

犬饲是个喜爱自然的人。只要打开房间的窗户，风就会透露出季节的气息。"以前开始收集"的陶器和玻璃杯摆放在房间里，最近民艺品也增加了。他似乎对泥土和植物情有独钟。休息日不那么早起床，惯例是选一对杯子，与之前同为BEAMS员工的妻子一起喝咖啡。然后用应季的食材烹制菜肴，用收集的器皿装盘。犬饲的生活方式，就是用五感去享受生活。

——生活方式中重要的主题是什么？
感受四季。

——休息日喜欢如何度过？
不紧不慢地准备午饭，早点开饭。

——为什么选择在这里居住？
离公司近，周边植物多。

——缓解压力的方法？
做饭，旅行。饭菜中加入当季的食材。旅行以自然、菜肴和温泉为目的。

——家里最珍爱的物品是？
满载各种回忆的相机胶卷和电子照片数据。

——收集的东西或毫不犹豫就会买下的东西是？
北欧和日本的玻璃杯、陶器。ARABIA的设计师尤拉·波寇佩（Ulla Procopé）的C&S、埃里克·霍格伦（Erik Höglund）的玻璃杯、仓敷玻璃杯等。

——喜欢哪种时尚风格？
ON：礼服风格，OFF：流行风格。

——喜欢用哪些时尚品牌来打造自己的风格？
ACNE STUDIOS、NIKE、EMiLiANO RiNALDi、STILE LATINO、ENZO BONAFE、F.LLI GIACOMETTI。

——室内装饰和时尚服饰的信息来源是？比如经常阅读哪些杂志或书籍，浏览哪些网站？
excite.ism、13th floor、GALLERI FELDT、I'm home。

——今后想要的东西？
亚米·海因（Jaime Hayon）的Ro椅子。

——简要概括，提升品位需要什么？
保持开放，进行各种尝试。

——在BEAMS的最大好处是？
总是会受到激励，会涌现出对工作的热情。

——迄今为止在工作中，印象最深刻的事是？
与工作不太相关，我是三浦知良选手的狂热粉丝，高中时就去预订他的写真集。入职研修时，下决心跟设乐社长表达想要三浦选手的签名，社长回答："好，研修回去你把那个写真集给我寄来。"

——那之后呢？
半信半疑地把写真集寄出去，几周之后真的如约收到了有签名的写真集，一同寄来的还有理纱子夫人寄给社长的信。这已经是约十年前的事了，如今也无法忘怀。

1.餐具架上收纳着ARABIA尤拉·波寇佩的小型咖啡杯和托盘。下层摆放着以莉萨·拉森作品为首的花瓶。2.F·LLI GIACOMETTI和ENZO BONAFE等品牌鞋子的材质多样，颜色多彩。3.收集品之一的民艺品竹筐。其中尤其喜欢筱桦细工。4.意大利购买的威尼斯玻璃盘。蓝色花瓶是仓敷玻璃器工艺家小谷真三的作品，是作为结婚纪念品请他制作的。旁边的玻璃器皿也是这位作家在展会上陈列的作品，很想要就买下了。5.在《民艺教科书》这套书中查阅相关民艺品。墙边摆放着花瓶和大酒壶。6.在BEAMS的活动上买的多肉植物。7.在法国的跳蚤市场买的猫咪版画。据说是一位90岁的老奶奶制作的。8.从父亲那里得到的OLYMPUS OM1胶片相机，也很爱用。胶卷和照片数据是宝物之一。

6

7

8

银杏木砧板,据说是喜欢做菜的犬饲拜托祖父制作的。摆在上面的是小鹿田烧的茶碗、仓敷玻璃杯和INOX的刀具等。这些物品,都可以让每日生活变得更开心。

MY PRIVATE
WARDROBE

上衣外套和条纹衬衫是在BEAMS定制的。使用复古布料和纽扣的m's braque黑色T恤，很喜欢它的图案和尼龙布料的质感。左上的ACNE STUDIOS的衬衫和J.M.WESTON的乐福鞋购于法国。领部为白色的异色领衬衫是BEAMS PLUS的商品。同样在BEAMS有售的手绢是G.INGLESE和MUNGAI的。

一点点收集起来的喜欢的手表。从后往前分别是SWATCH、LIP、HAMILTON、NOMOS。方形表盘的是JAEGER-LECOULTRE。旁边是HERMÈS，最前面是ROLEX。犬饲工作时以正装为主，但穿休闲装时和休息日里，手表也是基本饰品，随当日心情挑选佩戴哪一款。

"让你想回家的房子"正是黑田布置房间时的箴言。不知不觉攒下来的没用的小玩意儿,从长年生活的老家带来这里的美式怀旧小物件,这些物品看上去热闹而令人开心,也让人心生怀念。还有黑田珍惜的书籍。"我希望生活中,身边环绕的全都是喜欢的东西,现在还远远不够。"她虽这么说,但看看她的房间,一个令人心跳不已的魅力世界已经展现在了眼前。

——生活方式中重要的主题是什么?
在房间里360度地看,都能看到物品。总是被许多物品环绕的房间。

——休息日喜欢如何度过?
读书。去书店。

——最重视的时间?如何度过?
一个人在家。真的很喜欢独自一人……这么说的话,会让人感觉我很孤独呢(笑)。

——缓解压力的方法?
读书。喜欢YUKI,会去卡拉OK唱YUKI的歌。还有温泉旅行。

——喜欢读书的契机是?
实际上是近五年才开始的。之前讨厌读书,大学上课读到夏目漱石的《心》时,不知为什么书中的情节一下子钻进我的心中,我被文学的有趣之处吸引了。现在的速度是每月读三四本书。

——喜欢读什么书呢?
重松清的《流星旅行车》和《山顶乌冬物语》。堀川波的《每日能量》。

——请告诉我房间的主题和布置原则吧。
就算回家时很疲惫,也能在家中变得精力充沛。

——最喜欢家里哪个场所?喜欢在那里做什么?
坐在沙发上读书。

——家里最珍爱的物品是?
书。

——收集的东西或毫不犹豫就会买下的东西是?
没什么用的小玩意。

——喜欢哪种时尚风格?
古着。

——每日穿搭中,你最爱用的单品是?
阔腿裤。带有蕾丝的服饰。

——喜欢用哪些时尚品牌来打造自己的风格?
tricot COMME des GARÇONS、Ä。

——室内装饰和时尚服饰的信息来源是?比如经常阅读哪些杂志或书籍,浏览哪些网站?
FASHION NEWS、QUOTATION。

——简要概括,提升品位需要什么?
尝试各种风格,接触感兴趣的东西,然后咨询专业人士。

——在BEAMS的最大好处是?
遇见了许多很优秀的人,其中有员工,也有我的顾客。

占满一整面墙的棋盘格布是最大亮点。一对带有可爱佩斯利花纹的红蓝布袋每天都会携带。黑田介绍"是CAROLINA的,虽便宜却方便好用"。

1.厨房吧台旁边挂的是在神户的杂货店买的怀旧版世界酒店图案的贴纸。2.为修改洋装和古着而购买的袖珍缝纫机。看起来正合适收纳缝纫用品的这个架子,原本是收纳调味品的。3.希望能更宽敞的书架。"从青森种植苹果的农家那里要来装苹果的木箱,自己组装制作的书架。每箱的形状和大小都有些许不同,寄来时里面还有苹果叶呢

(笑)。用较沉稳的黑棕色漆上了色。这既经济,还可以自由添加。希望将来房间里装满书。"黑田说。她特意把文库本的书皮拿下来也是亮点,打造出另一种风格。4.床头摆放着在高圆寺的古着店里买的唱片,是在不知道唱片作者和内容的情况下买下的。

黑田对独特而怀旧的美式杂物无法抗拒。房间里大部分物品都是妈妈从老家带给她的。包括复古铁皮招牌、明信片、有些年代感的密封罐、铝制存钱罐和铁片玩具等。

MY PRIVATE
WARDROBE

无论是带有回忆的古着还是新款,都是挑选的自己喜欢的服饰。第一件棒球服风格的衬衣是在神户的古着店JUNK SHOP购买的。BEAMS BOY的经典款、HAVERSACK的阔腿裤的棉麻布料和裤型十分出众!注重细节的KAPTAIN SUNSHINE的上衣,还有在神户knock out购买的修改过的迷彩服外套。

每天佩戴在身上的银饰。佩斯利花纹的指环是BEAMS的商品。手镯是来自美国的礼物。圆盘形状的指环是在北千住的印第安珠宝店买到的。将印度产的布连缀在一起、手工制作的串珠项链是夏日搭配的亮点。Aēsop的护手霜每天都会装在包里。这两件全部购于BEAMS。

212
太田 浩之
OUTLET部
37岁 / 东京都杉井区

地板和墙壁的明亮木色，与混凝土材料的粗糙质感混搭，这就是太田家，既温馨，又有几分时尚。从玄关到客厅没有遮挡的墙壁，一直能看到小院，那种开放感让心情非常之好。细心挑选符合自己风格的物品，比如喜欢的家具和植物、自制的木质家具，让它们融于生活，空间中才会诞生真正的舒适感。

——生活方式中重要的主题是什么？
晒太阳。

——休息日喜欢如何度过？
布置小院和散步。

——为什么选择在这里居住？
离市中心近，又幽静。

——倾向于租房，还是买房？
买房。没找到中意的房子，就会想"那自己造一间吧"之类的。

——最重视的时间？如何度过？
早起。

——缓解压力的方法？
看漫画。

——最喜欢家里哪个场所？喜欢在那里做什么？
在喜欢的椅子上转着圈喝咖啡、吸烟、看漫画。

——家里最珍爱的物品是？
植物（因为是生物，所以排第一）。

——收集的东西或毫不犹豫就会买下的东西是？
DIY工具和厨具。

——喜欢的家居品牌（商店）是？
Moody's（目黑）、釜浅商店（合羽桥）。

——给不收拾房间的人一个建议吧。
我也不会收拾。都藏起来。

——喜欢哪种时尚风格？
短裤配T恤。

——喜欢用哪些时尚品牌来打造自己的风格？
没有喜欢过哪个品牌。只要是努力做出来的东西全都喜欢。

——室内装饰和时尚服饰的信息来源是？比如经常阅读哪些杂志或书籍，浏览哪些网站？
不太通过媒体获得信息，因为看不见作者。去逛街收获最大，最有参考性。

——今后想要的东西？
想在家里设一个小储藏室。

——简要概括，提升品位需要什么？
热情！努力！希望取悦别人的心情！

——加入BEAMS的契机是？
希望受欢迎的心。

——在BEAMS的最大好处是？
认识了许多人。

"总之就是想打造一个能感受到光和风、让人心情愉悦的空间。"太田说。不加窗帘,满眼都是窗外令人舒心的阳光,放在房间一隅的高大合欢树赋予房间一种安定感。

1.植物布置得很有品位,有的悬挂在灯轨上,打造出立体空间。2.太田"最近受前辈影响,开始热衷于做咖喱",每周都会去买调味料。3.木质书架是与美术大学毕业的妻子一起制作的。使用的工具也很讲究,还有美国的刀具。4.喜欢的EERO SAARINEN的郁金香椅是搬家之际买的。5.厨具都挂在墙上。整齐好看,内饰与空间完美融合。6.卧室窗户上,用YARD×SASSAFRAS的4WAY CANVAS作为窗帘。7.头骨摆件和瓷砖都是妻子的朋友大学时的作品。8.绿意盎然的小院,太田说"我们自己打理,终于变成现在这样了",考虑植物如何搭配,应该也很开心吧。

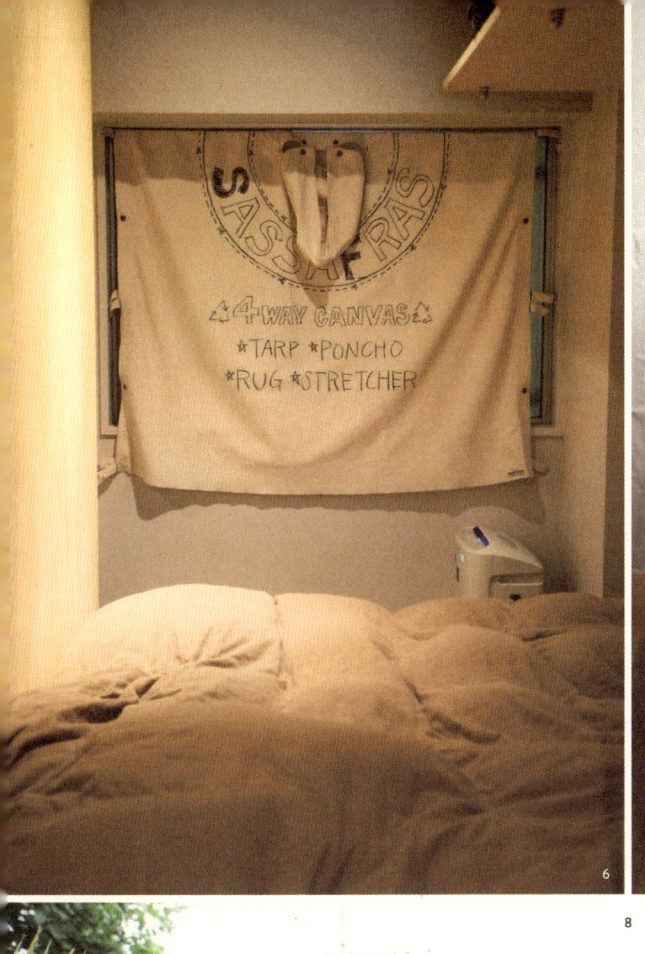

玄关用柔和的木色与浅灰色瓷砖,营造出温馨的氛围。控制配色、色调统一,让人心情一下子宁静下来。柜上的小物件和体积较大的植物成了装饰空间的亮点,令人愉悦。

MY PRIVATE
WARDROBE

太田一直踢足球，衣橱里有许多短裤。被他描述为"长短正合适"的冲浪短裤是patagonia。美军军用品和SAVE KHAKI的短裤也很喜欢。高中时买的LEVI'S® 501的裁剪款是他的第一件短裤，很有纪念意义。旅行时是否能轻松携带是他挑选衣物的标准。

摆放在墨西哥毯上的常用小物件。前辈送的BILL WALL LEATHER的钥匙扣，圣多明各的项链，不拘种类。最喜欢的是七年前在BEAMS购买的设计夸张的古董手镯。香水是COMME des GARÇONS，夫妻二人都喜欢用。

220
小岛 蓝

B印 YOSHIDA 代官山
29岁/东京都涩谷区

小岛的房间被各种各样的布料所包围：在跳蚤市场买到的江户时期制作的布料；撕开粗布制作成的布帘；旅行时买到的大十字绣和装在篮子里吊起来的布头。手工制作的搁架与随意堆放的外文书籍，都闪着小岛感性的光芒。最喜欢边与预产期在9月的宝宝说话，边做瑜伽或是刺绣。温馨的房间中，今天的时光也十分充实。

——生活方式中重要的主题是什么？
被古布、花等自然之物环绕的空间。

——倾向于租房，还是买房？
想尝试在各种地区居住，如今倾向于租房。最终住处希望是买下来的。

——最重视的时间？如何度过？
和丈夫交谈。一定要一起吃早饭。

——缓解压力的方法？
因为现在怀孕，边感受胎动边在冥想中放空。

——请告诉我房间的主题和布置原则吧。
不满足于现有物品。就算便宜，也要思考再三是否真需要再购买。

——家里最珍爱的物品是？
在跳蚤市场上买的用来当作地毯的江户时代的布料。

——收集的东西或毫不犹豫就会买下的东西是？
古布、欧洲的布料、空瓶、当季的花朵。

——家中数量最多的物品是？
丈夫的运动鞋。他在运动鞋店工作，一共有三百多双。这些鞋就占满了一个房间呢。那个房间以外的布置全听我的，我也就由着他了（笑）。

——喜欢的家居品牌（商店）是？
MAKIÉ、pivoine、La vie a la Campagne、naughty。

——喜欢哪种时尚风格？
不用修饰，适合自己体型的服饰。

——喜欢用哪些时尚品牌来打造自己的风格？
Omas Hände、MAISON MARGIELA、LE VESTIAIRE DE JEANNE、dosa、yoli&otis、笑坐版店。还有欧洲的古着。

——室内装饰和时尚服饰的信息来源是？比如经常阅读哪些杂志或书籍，浏览哪些网站？
关于装饰的外文书，还有martinathornhill.com、memo、kurasukoto.com、yoga-gene.com等网站。

——简要概括，提升品位需要什么？
有人说过，创意和走过的路的长短成正比。我也想去各种各样的地方，和许多人去交流。

——迄今为止在工作中，印象最深刻的事是？
见到了米田有希，她一直是我的偶像，作为女性来讲我也很尊敬她。共同参与制作收纳包的项目时非常开心。

坐在舒适的沙发上，在宝宝的内衣上刺绣。红壳染（一种日本传统天然染料）布料上的可爱图案，渗透着小岛的爱。沙发旁边的搁架上储存着收集来的布料。小岛爱布，这个角落展现了她的爱好。

1.小岛穿的洋装也是用红壳染的工艺染色而成。自然的色调是其特征。2.厨房里的自制搁架上摆放着收纳婚戒的玻璃盒子,还有当季的花、朋友送的ASTIER DE VILLATTE的碗。小岛"名字中有'蓝'字,不觉间收集了许多蓝色的物品"。3.用养植物的挂篮来收纳布头。悬挂起来也成了布置的亮点。4.制作于江户时代的布垫是小岛的宝物。她"喜欢以前的布料特有的褪色感、风格和触感"。5.把苹果箱、在代官山的家居店里买到的摆放盘子的柜子和在D&DEPARTMENT买的水泥块摞起来,搭成组合柜。组合方式和摆放的方式粗犷却很有品位。6.堆放着的外文书和杂志,上面放几个空瓶子,就有了不做作的时尚感。7.从喜欢的家居商店memo买的花瓶中插放着干花。

客厅一角。干花与挂在墙上的米色布料,这些素材都予人自然之感。书架上摆放着蜡烛、线香和布料,还有丈夫工作用的产品目录,这些物品也深深浸染了小岛的世界观。

MY PRIVATE
WARDROBE

小岛的服饰中,既有和服,也有童装和睡衣,都可以进行搭配。左起依次为搭配T恤和短裤的开衫,从古着店Mel买到的儿童上衣,儿童BEAMS也有售的LE VESTIAIRE DE JEANNE搭襟上衣,喜欢的睡衣,VISVIM的小碎花衬衣。中目黑的古董店里买到的长衫也适合节日穿。

胶合板上用细钉钉上布,挂上首饰。其中多为有色变的金饰。左起依次为VISVIM的串珠项链,L.A.买的双层项链,pivoine买的三角形耳环,BEAMS买的耳环,AHKAH的项链等。带有白色装饰的耳环是某位艺术家之作,手链是BEAMS原创的纯手工制品。

228

伊藤 雄一郎
伊藤 裕子

主管/办公室文员
41岁、38岁/东京都杉井区

伊藤家位于一栋大型的分户式公寓楼，有葱郁的庭院和完备的公共设施。与专用庭院相通的客厅里，备齐了汉斯·瓦格纳的沙发、布鲁诺·马松（Bruno Mathsson）的椅子，还有北欧的古品橱柜，应季的花朵和观赏植物为房间增添了色彩。在院子里采访这家人时，看到了关系很好的邻居从斜上方探出头来。与近邻的良好关系，或许也是伊藤家的魅力之一。

——生活方式中重要的主题是什么？
尽情玩耍，全心工作。工作和娱乐同样重要。

——休息日喜欢如何度过？
全家旅行。牙买加、巴哈马、摩洛哥、葡萄牙、意大利、美国、普吉岛、新加坡、宿雾岛等，每年都会去国外旅游一次。春天和夏天去野营或海水浴，冬天去滑雪。温泉旅行就不拘于季节了。

——倾向于租房，还是买房？
买房。因为很喜欢现在这栋公寓，植物很多。

——买下现在的住处，觉得有什么好处呢？
在公寓里结识了许多新朋友。养育同龄的孩子，或是有着共同爱好，相互的交流跨越了年龄界限，居住在这里，感觉十分舒服。

——最重视的时间？如何度过？
不浪费时间。空闲时也有意识地去放松。

——缓解压力的方法？
慢跑。去植物商店看植物。和家人交谈。在家吃美味的饭菜。小酌美酒。

——最喜欢家里哪个场所？喜欢在那里做什么？
院子。给植物浇水，读书。

——家里最珍爱的物品是？
每年年底拍摄的全家福。

——喜欢的家居品牌（商店）是？
talo、Rungta、ozaki-flowerpark。

——喜欢哪种时尚风格？
尺寸协调的服饰、让人觉得有品位的服饰。

——每日穿搭中，你最爱用的单品是？
与其说喜爱，不如说是重要。是鞋子。无论哪双鞋子，每次穿后都会刷干净，不会连续两天穿同一双鞋子。

——喜欢用哪些时尚品牌来打造自己的风格？
没有品牌局限。相反，经常会跟随潮流，去尝试不同品牌。

——今后想要的东西？
ALVAR AALTO的书柜、院子里用的圆桌、ISAAC VASQUEZ的客厅毯、滑雪头盔、KAWASAKI的摩托车"Z-1"。

——简要概括，提升品位需要什么？
经常留意收集信息。参与到各种事物之中。不惜投资，去接触和学习各种各样的事物。

院子就像伊藤家的第二个客厅。自由生长的植物旁边,是一把LAFUMA的椅子,雄一郎喜欢坐在这里看书。雄一郎在保养全定制自行车,大女儿在身旁自由玩耍。

1.鲍勒族制作的名为Kple Kple的面具，与在飞驒高山求得的护身符一起挂在玄关上。2.在经堂Rungta买到的nafana族bedu面具是雄一郎现在最喜欢的物品。3.长女出生后每年都会拜托摄影师朋友noriyo拍摄全家福。刚搬新家时树木青葱，照片让人感受到了公寓的变化。4.为客人准备的ALVAR AALTO和在美国Rose Bowl跳蚤市场买到的北欧圆凳。雄一郎的椅子是汉斯·瓦格纳的作品，是裕子送他的生日礼物。5.十七年前在BEAMS买到的柳宗理的蝴蝶凳上，摆放着冲绳的蕨草编筐。6.坐卧都舒服的汉斯·瓦格纳的三件套，伊藤家已齐备。7.靠垫是巴里·麦吉（Barry Mcgee）的物品。伊玛里·塔佩瓦拉（Ilmari Tapiovaara）的高凳与非洲努佩族的小凳也是亮点。

233

橱柜是在talo买的丹麦制品,没有品牌。上面摆放着环游世界的朋友送的斑马玩偶、出西窑的花瓶、民艺家的陶盘、Fire King的容器、Holmegaard的玻璃花瓶,除此之外,平时用的玻璃杯也收纳于此。

MY PRIVATE
WARDROBE

裕子的珍珠和带花纹的项链等饰品都是BEAMS原创。结婚十周年时雄一郎送她的礼物是古品的ROLEX手表。其余都是雄一郎的小物品。牛仔小包的品牌是orSlow，名片夹是GOYARD，卡包是COMME des GARÇONS，笔袋和钱包是PORTER，眼镜是OAKLEY。

雄一郎喜欢简洁而质量上乘的服饰，BUZZ RICKSON'S的套头衫和THE WHITE BRIEFS的T恤就是其中的典型。orSlow和LEVI'S®的古品牛仔短裤搭配SUGAR CANE和Sanca的牛仔衬衫，他最近很喜欢这样牛仔与牛仔的搭配。WALK-OVER和CONVERSE等简洁款白色鞋子很清爽。

之前在埼玉县的店里工作,这是调动时同事送的橡皮树,最初十厘米高,七年过去长到了一米,因为养育它而喜欢上了植物。现在很期待它继续长高,高到屋里都放不下。

鲜花、仙人掌、薄荷、多肉植物、食虫草……恩田家被无数植物所环绕，就像植物园。根据植物的开花程度和天气不时调整布局，房间氛围就会变得不一样。他说"小嫩芽长大，再开花结果，看到这些很开心"，一心表达出对植物的热爱。被珍爱的东西所环绕的生活，每一天都弥足珍贵。

——生活方式中重要的主题是什么？
家人和植物。

——休息日喜欢如何度过？
早起照顾植物→给鲜花换水→和家人吃饭→去逛植物市场→买花→和家人吃饭→早睡。

——为什么选择在这里居住？
通风和阳光很舒服，能与邻居和谐相处，这种氛围让我感觉这里是大家的房子和庭院。

——倾向于租房，还是买房？
买房。梦想是一栋翻修过的有历史的古民宅。希望和梦想共同成长呢！

——缓解压力的方法？
原本我就不是容易感到压力的人，为转换心情常会调整房间布局。

——请告诉我房间的主题和布置原则吧。
客厅是原生态×古典，壁橱是古旧×中国风，根据房间改变气氛，让某些地方出现一些刺激。（因为职业习惯，我觉得比起整体都很沉稳的房间，这样的房间会给人更丰富的感受。）

——最喜欢家里哪个场所？喜欢在那里做什么？
有许多，但最喜欢的是有家人在，一起欢笑的时刻。

——收集的东西或毫不犹豫就会买下的东西是？
在跳蚤市场上看到古董等有历史的物品，就会买下来。

——喜欢的植物是？
为庆祝女儿出生，朋友送给我的生日纪念树，是一株金橘。

——喜欢哪种时尚风格？
喜欢原宿街头那种"规则由自己建立"的风格。

——室内装饰和时尚服饰的信息来源是？比如经常阅读哪些杂志或书籍，浏览哪些网站？
Instagram！特别是经常浏览与花店相关的内容。

——简要概括，提升品位需要什么？
首先要喜欢自己，还有就是信息量了。

——在BEAMS的最大好处是？
可以和顾客一起提升生活品位。教会了我热爱生活的重要性！

——迄今为止在工作中，印象最深刻的事是？
2013年、2014年，在客户调查问卷中，获得客户的好评是全店最多的。我觉得，连我这样的人都能拿第一，肯定有更多的人有潜力拿各种第一！我觉得这是件很开心的事！

1.楼梯墙上挂着和妻子的纪念照。2.妻子的太阳镜排放在这里,也很漂亮。3.恩田"只要有空闲就会来照顾它们",休息日也会早起去院子里照顾植物、给花草浇水。4.今年刚出生的爱女。添了一位新的家庭成员,恩田家欢笑声不断。5.在古董店和跳蚤市场上买到的花盆和花瓶,只要设计美观,盛食物的容器也会用来养育植物。挑选时相比功能更重视设计。6.客厅是植物和古品家具相调和的令人舒适的空间。7."被女性饰品的设计所吸引,就买了。其中觉得珍珠很有女人味,很喜欢。"恩田说。8.开花店的朋友经常送给恩田新鲜的植物。拿到的花会马上插在瓶子里,装饰房间。

被称作"衣橱"的二楼,作为衣帽间,挂满了衣服。洋装和首饰摆放整齐,全是恩田喜爱的服饰。自制的干花和古品家具也为此增色不少,与客厅氛围不同,但也很舒服。

MY PRIVATE
WARDROBE

汇集在"衣橱"的恩田的服饰。CUISSE DE GRENOUILLE的衬衫很喜欢。TOYO ENTERPRISE的刺绣卫衣，ksubi×JEREMY SCOTT的短裤，BERNSTOCK SPEIRS、BORSALINO和BEAMS的帽子不可或缺。背包很喜欢Dior古品和CHANEL。

存放在古董器皿中的饰品。恩田"觉得在挑选妻子的首饰方面更能显出我个人的风格，有许多是他为妻子挑选的。白色陶器上摆放着父母送的手工发圈和发簪。指环是e.m.和IOSSELLIANI。最前面是法国首饰品牌N2的耳环，是恩田最喜欢的饰品之一。

244
洼 浩志

创意总监
52岁/神奈川县横滨市

买手、BEAMS BOY总监、槙原敬之演奏团队的服装设计等，洼代表BEAMS引领了诸多项目。洼的家有硅藻土墙壁、棒球装备、世界上独一无二的猫塔和冲浪装备，他说"很喜欢这种混搭感"，新的创意就是从这里诞生出来的。自己能居住的空间，可以说就是体现BEAMS的房间。

——生活方式中重要的主题是什么？
有个空间，就像客厅一样，让自己和猫都能待得很舒服。

——休息日喜欢如何度过？
去健身房锻炼、在野毛散步、去野毛山慢跑、去横滨DeNA看BAYSTARS的比赛。

——请告诉我房间的主题和布置原则吧。
在BEAMS三十年，培养出了将好的东西、喜欢的东西和喜欢的气氛等符合自己风格的多种范畴的东西混合、引进，形成的原创风格。我想把向家具匠人荒西浩人（6rock）定制的猫塔作为房间的标志性物品。

——最喜欢家里哪个场所？喜欢在那里做什么？
在有天窗的客厅，坐在沙发上，和猫咪一起听最爱的音乐。

——家里最珍爱的物品是？
包括上面提到的荒西制作的猫塔，还有餐桌、客厅的咖啡桌和工作桌等使用天然实木材的家具。

——喜欢的家居品牌（商店）是？
International Gallery BEAMS里的fennica、波特兰的Schoolhouse Electric&Supply Co.、TRUCK FURNITURE、荒西先生的工坊6rock。

——喜欢哪种时尚风格？
基本是美式传统风格。其中加入心情的要素和SK8ER的要素，喜欢这种风格。

——简要概括，提升品位需要什么？
关注的事物、想要的东西，尽量都买下来，自己用身体去感受，这样就会成为自己的品位。主要是自己的经验。

——加入BEAMS的契机是？
姐姐有个朋友是BEAMS的员工，受其影响开始成了BEAMS的粉丝，之后上大学时去BEAMS打工，大学毕业的同时就成了BEAMS的员工，这就是起源。总之，我是对BEAMS太着迷了。

——在BEAMS的最大好处是？
被非常喜欢的服装和商品所环绕，还能与顾客分享，顾客和员工能共享这份幸福。

——迄今为止在工作中，印象最深刻的事是？
在公司提议设立BEAMS BOY，得以实现。曾两次在迪士尼SEA搭建BEAMS的临时专柜。还有多年负责艺术家槙原敬之先生演奏团队的服装。

洼是BAYSTARS的铁杆粉丝,有数不清的加油道具。他现在也是"BAYSTARS with BEAMS"这个项目的总监,创作出了各种时尚商品。

打开玄关门,首先映入眼帘的是鞋柜,占满了整整一个房间。一面墙的乐福鞋和运动鞋最抢眼。注说,他每天都会来这面壁橱前看他的鞋子。

1.刚踏入房间,迎接我们的就是带天窗的客厅。意大利蓝的墙壁反射的光给人一种清爽感。2.洼很喜欢的艺术家派特·麦席尼(Pat Metheny)附带签名和后台票的CD,是在旧金山的Amoeba Music偶然发现的。3.客厅的置物架上还摆放着STEREO的滑板,STEREO SKATEBOARDS是由杰森·李(Jason Lee)和克里斯·帕斯崔斯(Chris Pastras)创建的。4.公私关系都很好的家具匠人荒西浩人制作的猫塔。充分利用白橡木材质,创作出的温馨之作,爱猫很喜欢。5.客厅是最让洼放松的空间。眺望集合了多种元素的书架,沉浸在想象中,就会浮现出许多创意。6.洼喜欢坐在勒·柯布西耶(Le Corbusier)设计的沙发上悠闲地听音乐。

5

6

工作间的书桌也是荒西浩人设计的。书架上插满了冈本太郎、小津安二郎、朱塞佩·托纳多雷（Giuseppe Tornatore）等相关内容的多元化的书籍，体现出了注的世界观。桌子旁边是丰田弘治的作品，注也很喜欢。

MY PRIVATE
WARDROBE

洼的服饰。BEAMS PLUS的成套西装。牛津纺衬衫也是BEAMS PLUS的原创。BD衬衫是BLACK FLEECE BY BROOKS BROTHERS。里面的帽子是KIJIMA TAKAYUKI。VANS的全皮SK8-HI和ALDEN的皮鞋是洼的必备之物。

皮包是元町的LOUIS VUITTON开店时买的。上班路上时间较长,SONY随身听和kindle会随身携带,充分利用时间为自己充电。中间的手表是大学时买的ROLEX的GMT Master,维修过,长久以来一直在使用,很喜欢。最前面的眼镜是EFFECTOR by NIGO。

252

佐藤 嘉纪
佐藤 奈美

B:MING LIFE STORE 买手/办公室文员
32岁、32岁/东京都世田谷区

秋田与冲绳。佐藤夫妇都是在自然丰裕的土地上长大成人，融入他们生活的是故乡的人们手工制作的民艺品。具有合理性和功能性，不被流行所左右，这正淋漓地体现了"用之美"。房子可以体现住在里面的人的性格，但对于佐藤夫妇来说，他们严谨的生活态度和温和待人的感觉，正像极了那些用具。也如同那些器物一样，即便彼此出生地不同，也会相互协调，长久相伴人生。

——生活方式中重要的主题是什么？
注意健康的习惯（在饮食、运动、睡眠质量上稍有讲究）。

——休息日喜欢如何度过？
带便当去公园、与朋友聊天，或是活动起来去玩抛接球、练瑜伽，或是闲适地读书，让休息日具有活力。

——为什么选择在这里居住？
有许多熟人，有许多公园。

——最重视的时间？如何度过？
下班回家到睡觉前这一段OFF（休息）时间。

——缓解压力的方法？
岩盘浴和酒。

——请告诉我房间的主题和布置原则吧。
按照（物品的）地域、国家和年代布置。

——家里最珍爱的物品是？
伊玛里·塔佩瓦拉的Pirkka桌子和前辈送给我的SONGE族面具。

——收集的东西或毫不犹豫就会买下的东西是？
植物和面具，白雪牌擦物巾。

——喜欢的家居品牌（商店）是？
经堂的Rungta和上町的Fridge。

——给不收拾房间的人一个建议吧。
摆设喜欢的东西→不摆的东西就是不要的东西。

——每日穿搭中，你最爱用的单品是？
带兜的T恤和短裤，及膝裙。

——室内装饰和时尚服饰的信息来源是？比如经常阅读哪些杂志或书籍，浏览哪些网站？
TRANSIT 和 *dia STANDARD*。

——今后想要的东西？
房子、面具、挂钟。

——简要概括，提升品位需要什么？
买各种东西，和各种人在一起玩。正视自我，与许多人交谈。

——加入BEAMS的契机是？
当我还是顾客时，每次去BEAMS都能买到想要的服饰，让我有种寻宝的兴奋感。契机是不愿自己独享，想让相关的人都能享受到这种感觉。

——在BEAMS的最大好处是？
每天都有刺激感，很开心。还有帮助各家分店建店，包括私下拜访在内，几乎全国的BEAMS分店都去过。

254

奈美来自冲绳，嘉纪来自秋田，餐厅装饰架上摆放着来自他们二人故乡的民艺品。其中还夹杂着装着大手帕的北欧DANSK等世界各地的民艺品，营造出令人不可思议的统一感。

1.BEAMS的前辈画的水墨画,用作迎客板。2.嘉纪喜欢印第安珠宝。室内的摆件混合了多国民艺品,大多是嘉纪挑选的。3.奈美收集的白雪牌擦物巾购自BEAMS。她说"用起来很舒服,颜色和图案也多样,不知不觉买了许多"。4.将空气凤梨和干花等简单放进秋田的筐篓中,这种装饰值得借鉴。5.非洲风格的布与风干的安第斯玉米很相称。6.客厅置物架上摆放的是嘉纪从前辈那里得到的SONGE族祭祀用的面具。7.客厅一角是嘉纪的书,他说"悠然读书的时光最幸福"。8.餐桌上也随意摆放着民艺品。奈美说"希望在家里感受到最喜欢的冲绳的气息,所以不知不觉添购了许多冲绳民艺品"。

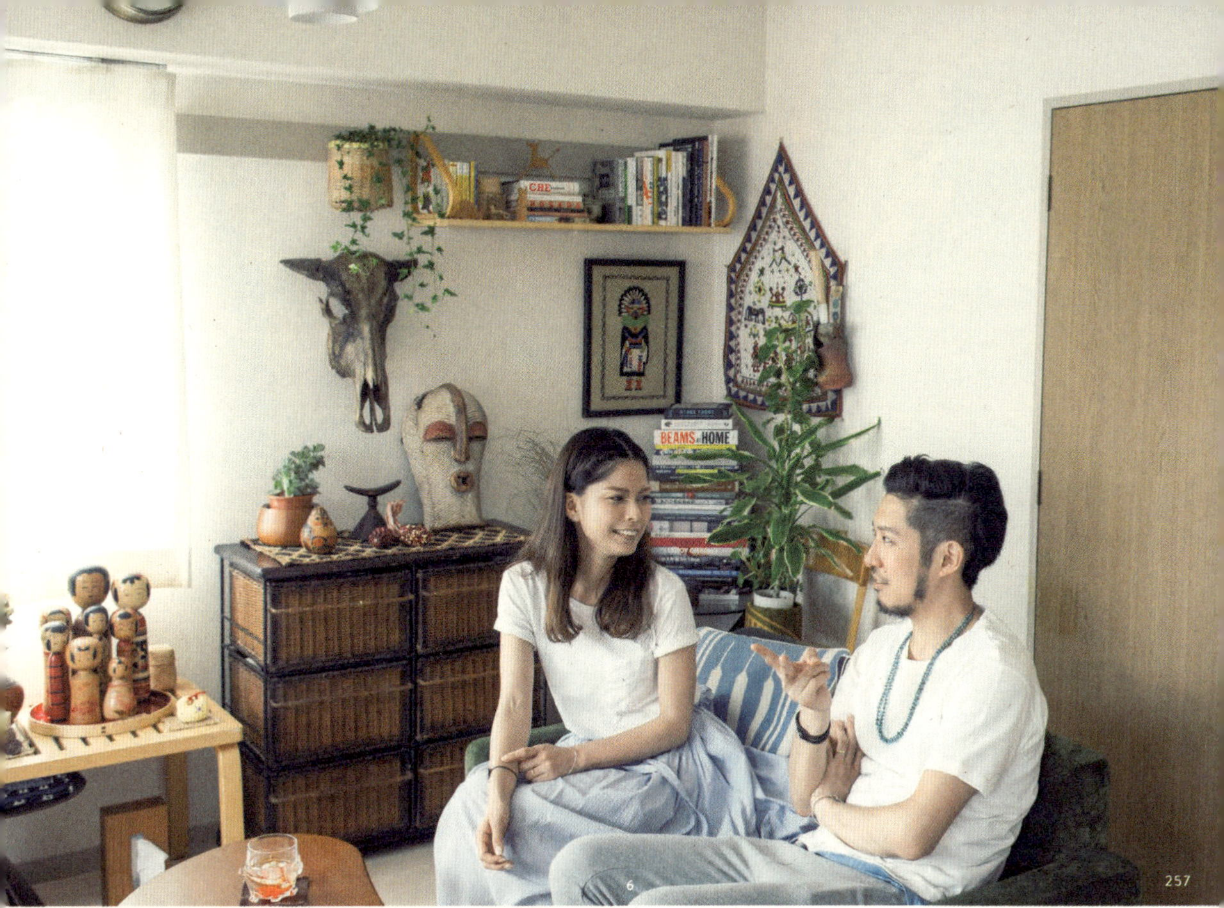
BEAMS AT HOME

6

STORE FRONT
THE DISAPPEARING FACE OF NEW YORK
SNEAKERS THE COMPLETE COLLECTORS' GUIDE
BEAMS AT HOME
LAND OF ALOHA
プラド美術館ガイドブック
TAKE 8IVY
STORIES OF SOLE FROM VANS ORIGINALS
HANDCRAFTED MODERN
HANDMADE HOME
YOSEMITE IN THE SIXTIES GLEN DENNY
AUDREY 100
LEROY GRANNIS
Jeans of the Old West: A History
DER ATLAS FÜR DEN WELTREISENDEN

8

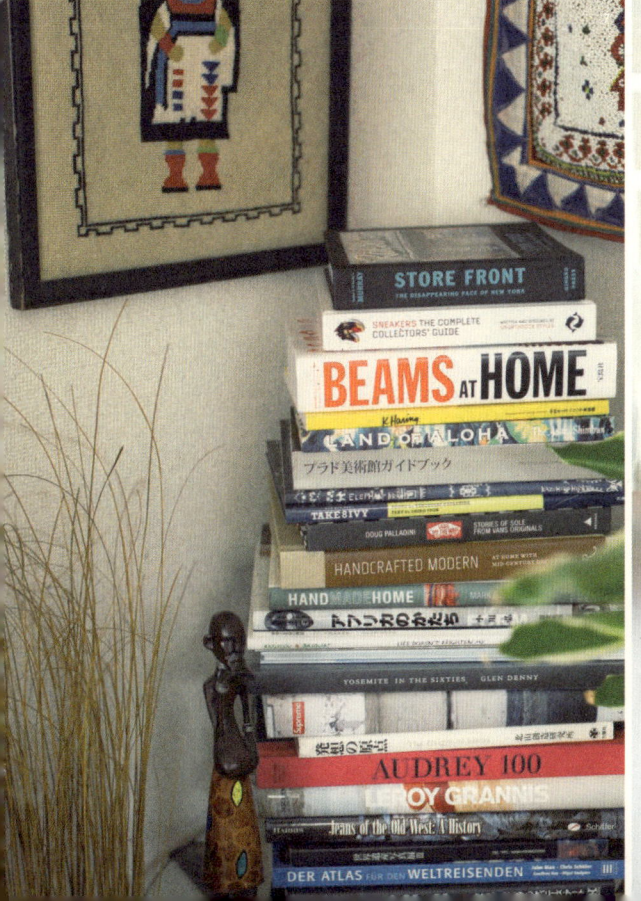

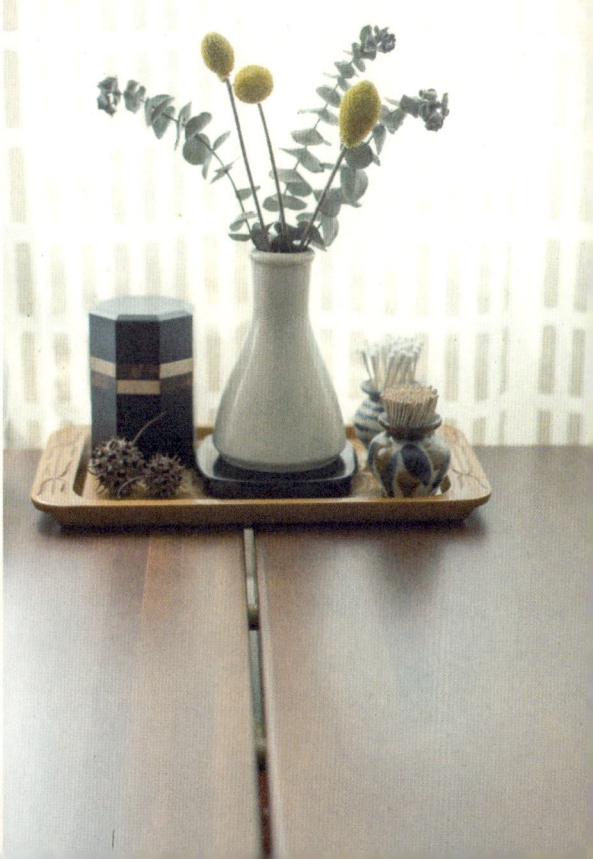

剥制标本风格的可爱模型是发源于美国的幻想生物加卡洛普，像是野兔与羚羊的结合，把它与旧时的美国玩具组合放置，与同样悬挂在客厅墙壁上的牛骨形成了对比，很有趣。

MY PRIVATE
WARDROBE

嘉纪平时就多为休闲打扮，在休息日的装扮也如此。B:MING LIFE STORE特别定制的buddy托特包，尺寸大，很方便。相同品牌的休闲鞋也是最近购买的。在夏威夷买的patagonia的可折叠式托特包，买回来送人也很合适。颜色多样的短裤也是patagonia的商品。帽子是BEAMS Planets的限定品。

奈美说"也许因为喜欢海，平时爱挑选蓝色的服饰"。18岁时从大阪购买的牛仔短裤如今也在穿，很珍惜。很喜欢SAINT JAMES的条纹T恤，每季都会买一件。牛仔上衣是orSlow和fennica合作的商品。格子裙也是fennica。

260
普安琼普·萨普莫（音译）

BEAMS 曼谷
26岁 / 泰国曼谷市

262

萨普莫家建于曼谷郊外的恬静住宅区，是一栋如城堡般美丽的白色房屋。打开客厅的大窗，可以遥望绿色草坪，感受清风穿堂而过。墙边壁橱里摆放着家人喜爱的威尼斯玻璃器皿和北欧陶器等物件，天花板的枝形吊灯发出自然光。萨普莫在这里使用笔记本电脑，赤脚走路，放松。就像欧洲的避暑胜地般，萨普莫家是一处虽华丽却处处清凉的不可思议的空间。

——生活方式中重要的主题是什么？
书、咖啡和旅行。

——休息日喜欢如何度过？
在咖啡厅闲坐、和妈妈一起做园艺。

——缓解压力的方法？
看小说、吃大餐。

——请告诉我房间的主题和布置原则吧。
不愿忘记孩童时期，用毛绒玩具和玩偶等来装饰。

——收集的东西或毫不犹豫就会买下的东西是？
乐高的积木和玩偶。

——喜欢的家居品牌（商店）是？
Another Story。曼谷EmQuartier商城里的买手店。

——给不收拾房间的人一个建议吧。
每天都用到的东西归纳到一起。讲究东西的摆放，也是一种房间的装饰法。

——每日穿搭中，你最爱用的单品是？
戒指。

——喜欢用哪些时尚品牌来打造自己的风格？
Ray BEAMS、3.1 Phillip Lim、rag&bone、J BRAND。

——室内装饰和时尚服饰的信息来源是？比如经常阅读哪些杂志或书籍，浏览哪些网站？
会从以旅行和生活方式为主题的英国杂志CEREAL中获得启示。

——今后想要的东西？
想要一间藏书阁！等结婚盖新房子时一定会建一间（笑）。

——简要概括，提升品位需要什么？
首先是阅读时尚杂志和家居杂志。还有就是，即便觉得某些物品不适合自己，也试着将其加入到自己的风格当中。在此基础上，相信这也是自己的风格，这点很重要。归根结底最重要的就是要有自信。

——在BEAMS的最大好处是？
我工作的同事都是因成为BEAMS一员而感到自豪的人。

——迄今为止在工作中，印象最深刻的事是？
BEAMS BANGKOK在EmQuartier商城开业之际，日本人和泰国人都团结一心，为入驻和布置做相关工作。

1.为装饰房间而选择的首饰架和珠宝箱。不拘品牌,只相信一见钟情,这些都是看到后当即买下的。2.英国留学时的外文书、外国历史小说、儿童文学和科幻小说等。尤其喜欢《哈利·波特》。3.旅行或出差时在玩偶店买到的玩偶摆件。4.萨普莫喜欢冷色系服饰,如白色、藏青和苔藓绿等,衣柜中满是凉爽感。5.无论工作还是休息,萨普莫都是自然的中性风。6.出生前父母为她准备的粉色卧室,与衣服的感觉略有不同,是一个童话般的空间。萨普莫在这里"摆放家庭合影和有纪念意义的玩偶,重视自己心中的童真"。7.客厅里的吧台。出门前和回家后都会在这里休憩片刻,很喜欢。

庭院里摆放着兰草、龙血树、九重葛等南国植物，装点白色墙面。平时陪妈妈打理园艺，萨普莫自己也喜欢上了庭院设计。休息日她会去植物市场挑选苗木、花盆和肥料等。

MY PRIVATE
WARDROBE

萨普莫说"喜欢好穿舒适的服饰",她的服饰触感都很舒适。休息日常穿的ZARA民族风涡纹图案短裤和英国留学时买的COS条纹针织衫百穿不厌。薄款牛仔上衣与有光泽的软料T恤是Ray BEAMS的商品。

配合各种TPO(时间、地点、场合)的鞋子有近五十双。中性风的平跟鞋引人注目。H&M的豹纹、Onitsuka Tiger和FLYNOW的光泽鞋成了简洁范儿中的亮点。左上的& Other Stories的厚底凉鞋等注重设计的鞋子非常适合出席活动或度假穿。

268
菊地 优里

BEAMS JAPAN
28岁/东京都杉并区

旧公寓翻新而成的住所。居住的人,穿着的服饰,摆放的东西,所有这一切绝妙地调和,酿造出温和的气氛。弹奏钢琴时流出的柔美音色亦如此。整个空间融合得如此自然,不差分毫。不愧是"BEAMS AT HOME"系列第一季介绍的fennica北村和埃利斯总监的下属,在菊地家,我们欣赏到了她独特的生活品位。

——为什么选择在这里居住?
喜欢高圆寺。有古着店和饮品店等许许多多的商店,晚上也很热闹。

——休息日喜欢如何度过?
会外出。如果有喜欢的展览或是电影,就会去观看。

——最重视的时间?如何度过?
不睡觉也要去尽情玩。

——缓解压力的方法?
没有特别的,偶尔会弹钢琴。

——请告诉我房间的主题和布置原则吧。
根据心情不同,会完全改变,比如把墙上挂的东西换个地方。基本没有规则,很自由。

——最喜欢家里哪个场所?喜欢在那里做什么?
在窗边吃早点,边晒太阳边看猫和当季的花草。

——家里最珍爱的物品是?
全部。

——收集的东西或毫不犹豫就会买下的东西是?
盘子和书。冲绳的陶器,岛根的出西窑和汤町窑,还特别喜欢栃木的滨田窑益子烧。

——喜欢的家居品牌(商店)是?
SVENSKT TENN和门前仲町的watari。

——最喜欢哪种时尚风格?
蓝色(蓝染,靛蓝)。

——每日穿搭中,你最爱用的单品是?
有趣的包包。

——喜欢用哪些时尚品牌来打造自己的风格?
fennica的原创商品。设计师铃木桃子的BLACK CRANE,衣服质地自然柔软,而且裁剪漂亮。

——今后想要的东西?
能摆放下许多书架的独栋住宅。

——简要概括,提升品位需要什么?
也许是好坏东西都要去看吧。

——加入BEAMS的契机是?
读了*fennica style book*,被引领到了那个世界。

——迄今为止在工作中,印象最深刻的事是?
遇到了许多去别的公司遇不到的有趣的人。

1.SVENSKT TENN和ALVAR AALTO、JOHANNA GULLICHSEN这些北欧独特纺织品所营造的诱人而有温度的空间。2.步入社会之后,重新拾起的钢琴。除了德彪西和肖邦等人的古典乐曲,最近也在挑战爵士。3.菊地的厨房,她每天都会在这里做便当。调料瓶和KALITA的咖啡磨、Blue Bottle Coffee的咖啡豆等,件件时尚。4.山葡萄藤编筐和SVENSKT TENN的锅垫,读谷山烧北窑松田米司的花器等,确实无论从哪个角度取景都如画一般。5.墙上是艺术家MIC*ITAYA的Solange Passport和练习时用的手绘爵士乐谱。6.染色家柚木沙弥郎的作品《无花果和小鸟》。7.随身而动的BLACK CRANE蓝色长裙,赋予这个房间特别的存在感。

5

6 7

窗边一角是菊地最喜欢的场所。最近在BEAMS上购买的墨西哥藤椅（Equipal Chair）靠圆桌，用猪皮制成，随使用会渐变为怡色。或是吃饭，或是读书，都可以在这里惬意度过。

MY PRIVATE
WARDROBE

菊地挑选的是印有图形的衬衫，与内饰风格也很搭。圆点和条纹衫都是marimekko。orSlow×fennica的牛仔裤。正中间是GITMAN BROTHERS×fennica的连衣裙，上面是从伦敦的北村&埃利斯家的置物架上临摹的印花。独特图案的LEO手包是以旧时邮票为原型。

收集的盘子和书。盘子是鸟取·因州的中井窑，小器物是冲绳的陶艺家山田真万、北窑的宫城工房和益子的滨田窑等出品。书是最近在B GALLERY的展览上看到的操上和美的摄影作品集 *SELF PORTRAIT*，很出色。买了封面颜色不同的两册。下面是野村佐纪子的摄影作品集 *Flower*，也购自B GALLERY。

276

权藤 良子

Demi-Luxe BEAMS 梅田
39岁 / 大阪府大阪市

权藤家是传统的大型日式房屋。走上土间(传统日式房屋中未铺设地板的部分)，感受到微风从这没有遮蔽的宽敞空间中穿过。可以懒散地躺在榻榻米上，这份舒适感有很大吸引力，因此常有许多熟人造访，有大人也有孩子。丈夫布置的墙壁和置物架，还有"仅是把两人的喜爱之物集中起来"的小摆件，所有家居物品中，充分融入了权藤夫妇的个性和温情。

——生活方式中重要的主题是什么？
没有特别的，摆放自己喜欢东西和朋友创作的作品。

——休息日喜欢如何度过？
连休就去爬山，平时的休息日就去逛美术馆。

——倾向于租房，还是买房？
如今是在租房，但没有特别的倾向。

——最重视的时间？如何度过？
夫妻二人边悠闲地吃晚饭边惬意小酌。

——缓解压力的方法？
做瑜伽。

——最喜欢家里哪个场所？喜欢在那里做什么？
在厨房慢慢地冲咖啡和在卧室悠然地做瑜伽。

——家里最珍爱的物品是？
注连绳(采用某种特定编织方法编成的稻草绳，挂于神殿前表示禁止入内或新年挂于门前取吉利)。今后每年都会添购。

——收集的东西或毫不犹豫就会买下的东西是？
容器和桂树舍(日本的和纸老铺"桂树舍"，位于富山县)的盒子，看见就想买。

——喜欢的家居品牌（商店）是？
FUKUGIDO（神户）。

——给不收拾房间的人一个建议吧。
可视化收纳。

——喜欢哪种时尚风格？
不过于精致，也不过于粗糙，平衡而和谐。

——每日穿搭中，你最爱用的单品是？
手镯。搭配中不可或缺。

——喜欢用哪些时尚品牌来打造自己的风格？
MARIA RUDMAN。

——室内装饰和时尚服饰的信息来源是？比如经常阅读哪些杂志或书籍，浏览哪些网站？
肯定会看&Premium。

——今后想要的东西？
注连绳&大陶瓷罐。

——简要概括，提升品位需要什么？
不问种类，去观看、接触、使用许多"好的东西"，历经失败……

——加入BEAMS的契机是？
想在fennica的前身"BEAMS MODERN LIVING"工作。

——在BEAMS的最大好处是？
遇到了许多于公于私关系都很好的同事。

两人经常聊天的空间中，有定制的ARTEK的英国限定款矮凳和JOHANNA GULLICHSEN的椅垫等，日式与北欧风格完美混搭。壁龛上还有插画师朋友的作品。

1.让权藤如今欲罢不能的注连绳就挂在一进玄关的墙上。下方的架子上陈列着一些季节性小物件。2.定制的ARTEK的英国限定款矮凳上摆放着和纸灯罩的灯具,西洋和日式风格很好地搭配在一起。3.权藤有很多双鞋子,丈夫为她手工制作了大鞋柜。喜欢的CONVERSE可以摆成一排。4.丈夫粉刷的墙壁颜色为住宅增添了亮点。为满足权藤的愿望,丈夫做了许多置物架。5.裸露房梁的宽敞卧室。可以在吊床椅上摇晃,享受奢侈的悠然时光。6.充分利用玄关的圆窗。仓敷缎通(日本手织地毯)上面摆放日式灯具。架子下面放着权藤喜欢的桂树舍盒子。7.冲绳的编筐里放着容器和绿植。ARTEK的矮凳用作台座,这是BEAMS三十周年限定彩色款。

5

6 7

推开巨大的磨砂玻璃窗，感受到舒适的日光和微风。充分利用房屋六十年来产生的变化和韵味，在走廊上随意放置几盆绿植。既可与自然融为一体，也将两人的个性渗透到每个角落。

MY PRIVATE
WARDROBE

权藤"每天必不可少"的物品就是手镯,尤其喜欢MARIA RUDMAN的手镯,每天都会佩戴。她有多款个性不同的MARIA RUDMAN手镯,以此为基础,再根据当天的心情和服饰搭配两三只其他手镯,比如纤细的金手镯。权藤说"自己个子矮,细手镯更显协调"。

权藤"喜欢轻松的风格"。但过于休闲和正式都不好,协调是关键。她的连衣裙和上衣等衣物多来自"非常喜欢"的fennica。常穿orSlow的牛仔裤。为与其搭配,鞋子主要是CONVERSE。喜欢的COSMIC WONDER上衣也列入其中。

284
关根 阳介

🏢 | 👨‍👩‍👧 | International Gallery BEAMS 买手
41岁 / 东京都品川区

既不是欧洲风,也不是美式风。既非男性化,也非女性化。关根说"希望女儿们放松,不想过于从成人的视角考虑,希望打造一个比较中庸的房间"。使用天然油漆粉刷的橡木地板、历经时间变化的古品和古典家具,搭配灯光和小物件。夫妻二人最重视的,是随着女儿们的成长,能够一点点在生活中去感受时间的变化。

——生活方式中重要的主题是什么?
注重家人能够舒适地生活,自己的爱好少量掺杂其中即可。

——为什么选择在这里居住?
是生我养我的土地,有眷恋。

——最重视的时间?如何度过?
和家人一起度过。

——缓解压力的方法?
和孩子玩耍。

——请告诉我房间的主题和布置原则吧。
还没确定,没有特别强调的规则。不拘于形式,看届时的心情。我喜欢老旧的物品,所以有许多古董、旧物。

——家里最珍爱的物品是?
非要选出一件的话,那就是能让我回忆起全家共度时光的物品和孩子们送我的礼物(一般的物品,想买就能买到)。

——收集的东西或毫不犹豫就会买下的东西是?
科特·柯本的周边物品。

——喜欢的家居品牌(商店)是?
目黑街边的家居商店和三宿的SEASAW。

——喜欢哪种时尚风格?
喜欢经长年变化、有韵味的物品。从流行款到古着风皆如此,风格不限。

——喜欢用哪些时尚品牌来打造自己的风格?
没有特定品牌,经常会混搭古着。

——室内装饰和时尚服饰的信息来源是?比如经常阅读哪些杂志或书籍,浏览哪些网站?
网络买手店GENERAL VIEW。

——加入BEAMS的契机是?
在自己心中,一直觉得BEAMS是最酷的。非常幸运能被录用!

——在BEAMS的最大好处是?
能在自己喜欢的International Gallery BEAMS工作,觉得十分满足。

——迄今为止在工作中,印象最深刻的事是?
有许多事,其中给我印象最深的是,与VAPORIZE品牌合作时,和The Smashing Pumpkins乐队的前成员詹姆斯·伊哈一起工作,这挺牛的。

希望"珍惜用餐时间",装修时在厨房设立了用餐区,跟客厅分隔开,有食堂的感觉。其他时间也可以灵活作为他用,用餐时可以与家人们聊天。

厨房以白色为基调,每件物品都由关根夫妇用心选择。炉灶是妻子朋友转让的法国Rosieres的产品,不锈钢材质,设计简洁实用,玻璃罩也有种功能美。

1.刚进入BEAMS时开始收集的rockarchive.com公司的和柯本的照片。如今成家后,在楼梯转角处(P284)设立了收藏区,展示这些照片。2.地板使用天然材料,即便躺在上面也没关系。只选用天然橡木材和德国OSMO COLOR的天然涂料。3.小女儿,喜欢《哆啦A梦》中的静香。4.儿童房里都是小女孩喜欢的元素。灰姑娘的城堡的乐高积木,大女儿搭好后,就会被小女儿拆开……反复被拆开和组装。5.家人照片用黑框统一起来,与房间完美融合。6.书架是在装修时特别定制的。旁边是喜欢跳芭蕾的大女儿。7.大部分家具是古品。客厅既不过于成人化,也不过于儿童化,让每个家人都能感觉舒适,有个好心情。

5

6

7

电吉他和原声吉他是支撑起关根个性的爱好之一。就像崇尚"自由家居"的关根家布置一样,生活习惯上在优先保证女儿们舒适的同时,令自己的爱好自然共存其中。

MY PRIVATE
WARDROBE

有许多太阳镜、眼镜和饰品,其中既有新品也有古品。身为职业买手,这些多是去国外出差时买的。他的风格是"Authentic(正统派)的衬衫,搭配古品太阳镜。手镯或是叮叮当当戴许多,或是完全不戴"。右上的手表是柯本同款。

关根参与策划并日常穿着的服饰。右边的两件T恤是BEAMS销售的品牌VAPORIZE。牛仔衬衫和羊皮外套是TACASi,羊皮是从英国皮革品牌老店OWEN BARRY特别定制的。拼布长裤是2015年秋冬新款Children of the discordance,样式是特别定制款,每件都是手工加工的。

拉开玄关门，就传来可爱的笑声。双胞胎弦多朗和樱多朗嬉笑打闹，十分热闹。足立夫妇说着"有孩子之后，就会留意遮蔽一些危险的地方，增添色彩明丽的物品，改变了许多"，脸上满是幸福。被有温度的自然物品和来自世界各地的小物件所环绕，双胞胎兄弟一定可以茁壮成长起来。

——生活方式中重要的主题是什么？
被家人和喜欢的物品所环绕，笑着生活。

——休息日喜欢如何度过？
去附近的大公园，和孩子们尽情游玩。还有，如果老婆给我一个人的时间，我就去逛古道具店和植物店（笑）。

——为什么选择在这里居住？
这里是市中心，夜晚又很安静，气氛闲适，我很喜欢这点。

——最重视的时间？如何度过？
珍惜和家人在一起的时间。

——缓解压力的方法？
香甜睡一觉，大体就缓解了。

——请告诉我房间的主题和布置原则吧。
还没确定，现在就是把喜欢的东西按自己的心情布置。

——家里最珍爱的物品是？
沙发，让我想起已经死去的爱犬。

——喜欢的家居品牌（商店）是？
Like Like（神户）、TRUCK FURNITURE（大阪）、RUST（大阪）、Essential Store（大阪）。

——给不收拾房间的人一个建议吧。
定期邀请别人来做客，逼迫自己收拾（笑）。

——室内装饰和时尚服饰的信息来源是？比如经常阅读哪些杂志或书籍，浏览哪些网站？
身边有许多品位很好的朋友，我会不拘风格类型，向他们请教。

——简要概括，提升品位需要什么？
就算是模仿别人，觉得酷的装扮都要去试一试。

——加入BEAMS的契机是？
我觉得BEAMS是个有许多怪人（褒义）、很欢乐的公司。

——在BEAMS的最大好处是？
向各种各样的人和物学到了许多，开阔了视野。

——迄今为止在工作中，印象最深刻的事是？
与我尊敬的fennica总监特里·埃利斯（Terry Ellis）和北村惠子一起参与产品策划、去古着店寻找设计灵感，非常开心。原来他们二位还会到这种地方来找灵感，对我来说是一种学习，改变了我观察事物的方式。

1.朋友的儿子画的弦多朗和樱多朗的肖像画。2.客厅正中央的是墨西哥的矮凳（Equipal Stool），如今用作孩子们玩耍的桌子。3.挂在墙上的两幅画是足立自己描绘在帆布上的画作，能让他想起画家祖父的作品。4.喜欢古董市场，"看见就买了，抽屉里有很多"的蓝染古布。将其重新缝制成窗帘，补丁和略带粗糙的缝补也让人喜爱。5.足立不仅对国外的物品感兴趣，对日本传统物件也感兴趣。墙上挂着柚木沙弥郎的染绘和仓敷缎通。6.一家人齐聚客厅的时光。弦多朗和樱多朗都很喜欢"举高高"。7.朋友儿子在足立妻子生产前写给她的信，夫妻俩将其当作珍贵的宝物。

7

客厅和阳台一角摆放着绿植,足立很喜欢这个"植物角"。有时会思考"摆什么,如何摆放"等植物搭配问题,他很珍惜这一悠闲时光。

MY PRIVATE
WARDROBE

左上的兰花盆是特别定制的,十分珍惜。下面是植物的果实,足立"很喜欢它有趣的形状"。熊之类的摆件,是在捷克的自由市场上买到的。濑户等带有质朴感的陶器很喜欢,所以收集起来。杯垫是老挝兰丁族的。fennica的茶巾、令人激情澎湃的作品集、房子的照片和村上春树的小说都令他爱不释手。

很喜欢的布法罗红格衬衫是BEAMS PLUS的商品。摆出来的还有orSlow的牛仔服、墨西哥马甲、美国制粗布围裙、US陆军帽等休闲服饰。常年穿的工作鞋和夫妻俩都很喜欢的AURORA鞋等,很多都品质很好。最前面带墨西哥刺绣的T恤是儿子的衣服。

300

村田 律己

走进房间首先映入眼帘的是一整面墙的唱片和音响设备。村田夫妇说"无论如何也想留这么个空间",唱片屋是喜欢音乐的夫妻二人多年的梦想。村田家是妻子的老家翻修而成,天花板特别留出挑高,墙壁使用天然材料。离大海很近,微风舒适,在这里让人不知不觉间忘记时间的流逝。他们说"喜欢这里,一直都不愿离开这里呢"。能在故乡生活真的很好。

——休息日喜欢如何度过?
闲着什么都不做。

——为什么选择在这里居住?
因为喜爱故乡。

——最重视的时间?如何度过?
放空、听唱片。

——缓解压力的方法?
喝酒。

——请告诉我房间的主题和布置原则吧。
天然的材料与色彩。

——最喜欢家里哪个场所?喜欢在那里做什么?
唱片架前面。听音乐或是弹奏乐器。

——收集的东西或毫不犹豫就会买下的东西是?
在唱片百元集市这样的地方,就会不知不觉买一堆(唱片)。

——有多少张唱片?
从上学时开始收集,现在有两千张。

——经常去逛的唱片店是?
原宿的BIG LOVE。

——让你留下回忆的唱片是?
丹麦乐队Gangway,英国乐队Fairground Attraction和Orange Juice。

——让你留下回忆的演唱会是?
Primal Scream的*Screamadelica*专辑发售后,于1991年来日本举办的演唱会。

——家居布置受到了什么启示?
唱片和器材齐备的感觉是从瑞典乐队The Cardigans的大本营Tambourine Studios中得来的。

——给不收拾房间的人一个建议吧。
不管三七二十一先都收起来。

——喜欢哪种时尚风格?
基本上是美式休闲风。

——每日穿搭中,你最爱用的单品是?
帽子。

——在BEAMS的最大好处是?
以前就一直喜欢BEAMS,现在能在这里工作了。

1.村田家离海很近,院子里也能感受到海风。2.宽敞而色调温暖的厨房兼餐厅是家庭生活的中心。夏天凉爽,冬天温暖的地势也很宜居。3.村田主攻吉他。长子在练习架子鼓,二人组建家庭乐队也指日可待!4.村田憧憬藤原浩事务所Electric Cottage那样的时尚外墙与有温度的房间混合的空间。这堵银色外墙贴近自己的理想也具有耐用性,很喜欢。5.摆放着有纪念意义的家人照片和传单。6.搭配大型餐桌、顶棚高挑的客厅非常开阔。硅藻土墙壁让人感受天然材质的温度。7.村田以前也组过乐队,电声吉他、贝斯、原声吉他、架子鼓等器材一应俱全。

从唱片房里流淌出的音乐,将客厅变成了令人舒适的空间。家人一起悠闲度过的这段时光真的让人无法割舍。从窗边可以遥望到久里滨的花火大会,每年都会邀请亲戚和朋友来家里做客。

MY PRIVATE
WARDROBE

村田平时的服饰多为条纹图案。一直穿着的条纹衫,从上至下品牌是M.Nii、BEAMS、SAINT JAMES、agnès b.。最近黄条纹的出镜率增加,外面再披上青年布(chambray,用单色经纱和漂白纬纱或漂白经纱和单色纬纱交织而成的棉织物,因适宜做青年人的服装而得名)或牛津纺的衬衫,戴上毛线帽,是他一贯的风格。

喜欢VANS的AUTHENTIC,多年来一直在穿,穿破了又买了一双同样的。双肩包选择背起来舒适的品牌,几十年来一直都喜欢GREGORY。迷彩双肩包是二十多年前买的,现在儿子在背。蓝色背包是BEAMS PLUS、GREGORY和KAPTAIN SUNSHINE合作出品,是通勤必备之物。

308

马场 知佐

🏠 | 👪 | BEAMS 阿倍野
26岁 / 大阪府大阪市

令人心生怀念的恬静住宅区。这里最醒目的五层钢筋建筑，通称"Baba House"。刚走进一步，就看到很多用心的设计，让人心跳不已。马场回忆说"小时候在钢筋的柱子上吊着往前挪，或是爬到上面。许多地方都可以成为玩耍的场所，很开心"。这是一栋没有墙壁和门的开放式房屋。在这白色的空间中，总是充满家人的欢笑。

——生活方式中重要的主题是什么？
随意。

——休息日喜欢如何度过？
去野餐，或是做饭、做点心，刺绣或自制饰品。

——最重视的时间？如何度过？
不被时间所束，有自己的时间去制作或是描绘作品。

——缓解压力的方法？
绘画或是刺绣，舒缓心情。

——请告诉我房间的主题和布置原则吧。
尽量不买，能做的东西亲手制作。

——最喜欢家里哪个场所？喜欢在那里做什么？
浴缸。从漆黑的天窗往外看星星。

——收集的东西或毫不犹豫就会买下的东西是？
海洋生物的相关物品。也经常去拾贝壳。

——给不收拾房间的人一个建议吧。
搬家时需要的东西自然而然会留下。除了真正需要的东西，要毫不留情地放手。

——喜欢哪种时尚风格？
坚持自我的风格。用喜欢的方式穿喜欢的衣服，这样的人才帅气。

——喜欢用哪些时尚品牌来打造自己的风格？
BEAMS。也喜欢不知出处的古着。

——室内装饰和时尚服饰的信息来源是？比如经常阅读哪些杂志或书籍，浏览哪些网站？
去展览会或是美术馆。父亲在出版社工作，会带回摄影集和书，我从小时起就很期待、很喜欢读他带回家的书。

——今后想要的东西？
iei studio的椅子。真的很酷。

——简要概括，提升品位需要什么？
去接受。

——加入BEAMS的契机是？
看到了"让我们恋爱吧"的广告。

——迄今为止在工作中，印象最深刻的事是？
记得有个异地恋的学生，去见女朋友，没坐新干线改乘夜间巴士，用省下来的钱来给她买礼物（饰品），这件事让我无法忘怀。这份工作，成了许多人的故事中的一部分，正因为如此，我下决心要让所有人的心灵得到满足，哪怕只有一瞬的满足，也要给他们更好的一瞬间。那天成了我人生中特别的一天。

马场姐妹在母亲的指导下制作菜肴,作为午餐。庭院里种的绿植和香草也轻轻点缀了厨房和餐桌。家人团聚的时刻,伴着美味的菜肴,欢声笑语一并回响。

1.挂在楼梯墙上的大型帆布画,是马场在大学做毕业设计时制作的刺绣大作。以世界地图为原型,海水部分是刺绣上去的。2.马场手工制作的饰品,包括作为礼物送出的,至今为止做了五百多件。3.住宅中唯一有门的空间是位于三层的厕所。五层的厕所也是开放式的。4.马场正在制作饰品。她说"将每个部件组合到一起时最开心"。5."Baba House"的后面。装修外墙时,选择了橙色这个"让人打起精神的颜色",也是维生素的颜色。这是附近最醒目、最明亮的住宅。6.顶层五楼的开放式浴室。从天窗可以望见天空,可以边看朝阳和星星边悠闲泡澡,真是超幸福的时光。7.清爽的网眼楼梯。充分利用钢筋柱,让很多空间都变成了迷你艺术馆。

6

7

313

数十年爱用的木质沙发,很有韵味。自制的刺绣靠垫,上面是非常喜欢的鲸鱼图案。双层床用的旧梯子,如今被用作搁板,喜欢的书随意放置其上。

MY PRIVATE
WARDROBE

受妈妈和祖母的影响,马场非常喜欢"创作"。有时间就会制作饰品、刺绣或画画。自制饰品成了每天的时尚亮点。素描、刺绣和摄影相关的物品都是她的宝贝。素描本下面的小布袋是用旧牛仔裤缝制的。马场喜欢海,《海兽之子》是她喜欢读的书。

以orSlow为主的牛仔服是必备之物。少女风THEATRE PRODUCTS的上衣也很喜欢。牛仔上衣与短裙的套装是MUVEIL的BEAMS特别定制款。紫色长款上衣是20岁当背包客去欧洲旅行时买的,一直在穿。"虽然被虫蛀了,但是舍不得扔掉。"马场说,这件衣服上满是回忆。

316

井户 健介

WEB制作部
37岁 / 东京都足立区

"这景色真的很棒呢。"井户说着带我们走进家门，整个房间开阔感极强。从大窗向外看，荒川和隅田川尽收眼底，舒适的微风吹入房间里。泡好一杯咖啡，坐在阳台上。边眺望景色边听两个儿子的欢笑，让这杯咖啡格外美味。虽然在市内，却能感觉到大自然，让儿子们茁壮成长。独属于井户的时间缓缓流淌，没有比这再幸福的生活了。

——生活方式中重要的主题是什么？
贴近自然的环境。

——休息日喜欢如何度过？
单手拎着便当和啤酒，去家附近的荒川广场玩。池沼中有龟、鳉鱼和野鸟等，离家五分钟就能融入自然。

——为什么选择在这里居住？
自然环境好，学校等设施齐备，离上班地点也近，房间布局和风景很喜欢。

——最重视的时间？如何度过？
和孩子在一起的时间。只有现在才能有这种时光。

——请告诉我房间的主题和布置原则吧。
DIY感。想自己再多亲手去布置墙壁和置物架，现在仅停留在想的阶段（笑）。营造舒适的空间。植物也尽量多摆放。

——最喜欢家里哪个场所？喜欢在那里做什么？
阳台。早上在阳台喝咖啡，晚上喝小酒。请朋友来做客时，桌椅摆放到阳台上聊天。

——家里最珍爱的物品是？
PACIFIC FURNITURE SERVICE的桌子，会定期打蜡。然后是YAMAHA的原声吉他，是高中朋友送给我的。

——收集的东西或毫不犹豫就会买下的东西是？
灰色毛衣和牛仔服的古着品。没有特定的年代和品牌，买是因为喜欢它的宽大感、款型、材质和残缺，都是现代款式所没有的。

——喜欢哪种时尚风格？
休闲款式和古着。并非全身古着，更多是与高级服饰搭配来穿。

——每日穿搭中，你最爱用的单品是？
CONVERSE。无论哪种风格都适合。就算款式相同，不同的材质和颜色也能让搭配更有乐趣。

——室内装饰和时尚服饰的信息来源是？比如经常阅读哪些杂志或书籍，浏览哪些网站。
男士杂志会略翻一二。网站的话有eyescream.jp、HOUYHNHNM等，也会在工作中查阅其他网站。还有来自朋友和同事的住所。时尚就是自己不经意的穿着。但是给我信息最多的是BEAMS的买手团队。

——在BEAMS的最大好处是？
有互相激励的同事、前辈和后辈。无论是工作还是娱乐，开心的事情很多，这是最大的财富。

——迄今为止在工作中，印象最深刻的事是？
夏威夷的那次出差，如今还觉得不可思议。

在可以眺望美景的阳台上,养育着植物还有乌龟。次子负责每天浇水的工作。到了夏天,在阳台上连花火大会也能看到,还会叫朋友过来一起休闲。这里是井户家的上座。

1.客厅的置物架上摆放着井户工作涉及的商品和纪念品。怀旧的收音机是父母送给他的。这台日本产的东京电机产业的真空管收音机,从昭和时代开始就一直在使用,现在还可以用,独特的音质很有韵味。左上放着的是村上淳品牌SHANTii的GM长靴。这双鞋也很有纪念意义。2.PENTAX的胶片相机和投影仪也作为装饰,用来营造房间的氛围。这是妻子以前用的照相机,会在全家出去野营时使用。3.美国制的VANS是大儿子出生时,世田谷的买手店fridge的熊坂卓送的礼物。4.unico的沙发放在客厅中,这里是合家团聚的场所。很珍惜朋友送的有纪念意义的原声吉他,会在客厅弹奏。

客厅中的大吊床是Hammock2000的商品,非常适合这处开阔的房间。井户夫妇都喜欢户外运动,这张吊床正是符合他们风格的好东西。他们期待孩子长大之后能够一家人出去野营。

MY PRIVATE
WARDROBE

井户平时的穿着多搭配古着,尤其喜欢LEVI'S®的G jean。依次是70505 BIG E,505,501 66',Lee的101,古着长衫。他也喜欢有破洞的牛仔服。还喜欢到原宿的BerBerJin和千叶县柏市面向公众开放的仓库去发掘美国的古着。

CONVERSE的休闲鞋是井户不可或缺的服饰。有美国限定的ALL STAR和CONVERSE ADDICT,再利用BEAMS牛仔布料的LEVI'S® × CONVERSE联合出品款,还有一些舍不得穿的珍藏品,如20世纪70年代的CHUCK TAYLOR和美国制的JACK PURCELL等,鞋架上满满都是CONVERSE。

客厅墙上挂着山下自己用流木装饰的基里姆花毯。形态独特的橡皮树上挂着KAY BOJESEN的小猴子,也体现出她的童心。从随意放置的书籍,可以看出山下对冲浪运动很痴迷。

阳光璀璨入屋，山下家如这阳光般明亮清爽。他说自家讲究的是"要想要的东西"，正如他所说，宽敞的客厅里摆放着品质上好的北欧家具和日本陶器。绿植也恰到好处地镶嵌其中。两人并坐在喜欢的沙发上休憩的时光中，被注入了更多的幸福之光。

——生活方式中重要的主题是什么？
拥有阳光和绿植的生活。

——休息日喜欢如何度过？
夫妻俩去购物，二人一起做饭、吃饭。

——为什么选择在这里居住？
上司介绍的。

——最重视的时间？如何度过？
和妻子共同度过，尤其是用餐时间。

——缓解压力的方法？
开车兜风。

——请告诉我房间的主题和布置原则吧。
比起全新的物品，更喜欢有韵味的物品，尽可能地选古品。

——最喜欢家里哪个场所？喜欢在那里做什么？
在沙发上喝咖啡。

——家里最珍爱的物品是？
汉斯·瓦格纳设计的沙发。

——收集的东西或毫不犹豫就会买下的东西是？
成套的古品家具和植物，会毫不犹豫买下来。

——喜欢的家居品牌（商店）是？
Swanky Systems（大阪）。

——给不收拾房间的人一个建议吧。
断舍离！

——喜欢哪种时尚风格？
我是负责女装的，所以会留意简洁&美观的款式。

——每日穿搭中，你最爱用的单品是？
蓝色衬衣。衬衣很好搭，所以最喜欢衬衣。

——喜欢用哪些时尚品牌来打造自己的风格？
没有特别的，但是会去搜寻古着。

——室内装饰和时尚服饰的信息来源是？比如经常阅读哪些杂志或书籍，浏览哪些网站？
最近是从Instagram上获得信息。

——在BEAMS的最大好处是？
遇到了许多同伴。

——迄今为止在工作中，印象最深刻的事是？
有许多。与人的邂逅。

1.乔治·尼尔森（George Nelson）设计的长椅上，摆放着在BEAMS定制的结婚迎客板。墙上挂着fennica的活动海报。2.MAISON MARGIELA的嵌套罐，由白色木材加工而成，很光滑，没有图案，是件纯白的神秘物品。3.山下夫妇很喜欢陶器。收集了冲绳陶器、小鹿田烧、出西窑等许多独具魅力的陶器。4.弗兰克·劳埃德·赖特（Frank Lloyd Wright）设计的落地灯是房间的亮点。随处可见的绿植也为房间增添了一抹柔和。5.休息日，二人一起下厨、一起吃饭，夫妻关系很好。6.日式房间中，以EAMES的矮桌为首，还有冲绳的椅子和汉斯·瓦格纳的海报，这些来自多个国家的物品，与铺设了琉球榻榻米的空间也很协调。

5

6

329

莉萨·拉森设计的摆件与桂树舍的小物件收纳盒等，各种不同风格的物品在一起展示也没有违和感，这种摆设随处可见。陶器是每年结婚纪念日出去旅游时，逛喜欢的窑厂搜集回来的。

MY PRIVATE
WARDROBE

山下的服饰多为蓝色系。orSlow的绿色上衣和LEVI'S®的G jean、ORTEGA'S的马甲、BUZZ RICKSON'S的牛仔衬衫、Letroyes的针织衫、MADISONBLUE的衬衣等,虽然休闲,却既不过于散漫也不过于严肃,很清爽,品质也很好。

山下在休息日会戴帽子。他很喜欢用retaW的香氛喷雾"ALLEN"。作为待客的礼节,香味也需要注意。RAY-BAN和BLANC的太阳镜、COMME des GARÇONS的钱包、CHROME HEARTS的钱包链、ROLEX的手表等都是他常用的物品。

332

松井 圭太郎

BEAMS BOY 梅田
31岁/京都府京都市

紧

挨着京都大学，既有学生们的活力，又是一处传统的住宅区。"很恬静，有趣的商店很多。"松井讲述着这条街区的魅力。这座房子已有些年头，但经过松井夫妇的布置，成了一处让人能够安心休憩的极好空间。被妻子制作的干花和松井拍摄的照片所环绕的家中，充满了欢笑声和温馨的爱。

——生活方式中重要的主题是什么？
重视二十四节气和节日，去感受季节变化。

——休息日喜欢如何度过？
和朋友去鸭川聚会！（"鸭川啤酒最棒！"的缩略词就是KBS）

——为什么选择在这里居住？
因为学生多，有许多便宜美味的小馆，能徒步走到鸭川、银阁寺等好景点。

——最重视的时间？如何度过？
幻想，比如想去的地方和想居住的房子之类。

——缓解压力的方法？
旅行。经常去慢节奏的冲绳。

——家里最珍爱的物品是？
我有个冈本太郎设计的水罐，名叫"胡须男爵"……被摔坏了，但还是没舍得扔。

——收集的东西或毫不犹豫就会买下的东西是？
祇园祭彩车的手巾，与崎阳轩的烧卖搭配的"葫芦娃"酱油瓶。

——喜欢的家居品牌（商店）是？
葡萄HOUSE家具工房（京都）、BROWN.（京都）。

——给不收拾房间的人一个建议吧。
叫人来家里，这样就会想"不得不收拾了"。

——喜欢哪种时尚风格？
WORK风格。喜欢那种方便好穿，就算弄脏也不怕的衣服。

——每日穿搭中，你最爱用的单品是？
帽子和眼镜的搭配。

——室内装饰和时尚服饰的信息来源是？比如经常阅读哪些杂志或书籍，浏览哪些网站？
关于冲绳的书和Instagram。

——今后想要的东西？
汽车！

——简要概括，提升品位需要什么？
去很多人聚集的场所，去结识各种人。

——在BEAMS的最大好处是？
爸爸变得时髦了。

——迄今为止在工作中，印象最深刻的事是？
打工第一天，我把展示窗的玻璃打破了。

松井家的墙上，自由装饰着许多东西。篮球服做成了挂板，冲浪板形状的钟表是朋友店里不用了送给他的。

1.墙上有一排妻子亲手做的干花和照片。有许多女儿的可爱照片。2.厕所里有很喜欢的冈本太郎的物品。这里也是很喜欢的空间。3.从两人结婚典礼上的花束开始,平日在家里摆设鲜花,之后再从中选出适合做成干花的花朵。保留了柔和之美的干花装饰在各处。4.松井从14岁时开始痴迷的照相机收集品。他喜欢显影后才能看见照片的胶片相机,还特别喜欢玩具相机。5.休息日会去参加乐队活动。松井负责贝斯演奏,还出过原创CD。

家人休息时，就坐在这张沙发上。上面巧妙利用了平台梁作为架子，展示喜欢的小物件。

MY PRIVATE
WARDROBE

松井"每日必不可少"的帽子和眼镜。穿的衣服大概在两三天前就搭配好了。搭配服饰时，先要选择帽子和眼镜。以DECHO为首，带檐帽和毛线帽大约有五十顶。眼镜主要看戴上的感觉，有圆框眼镜、彩色眼镜等，彰显个性。最喜欢的相机是Lomo的玩具相机。

松井的服饰多为牛仔和休闲系的工装风格。特别喜欢中式风格的上衣，有好几件。这些服饰都能够在简洁中显出个性和品位。他对滑板风的喜爱也可见一斑，多数衣服都是不妨碍运动的款式。"说起牛仔就是orSlow"，他的裤子几乎全是orSlow。

340
高桥 一成

BEAMS 原宿
39岁 / 千叶县松户市

活泼地到处跑的长子，两只狗，百余盆仙人掌，各种生命按自己的步调蓬勃生长，甚至可以让人忘记这是在一间公寓楼里。高桥的最大爱好就是冲浪，技术很好，甚至有赞助商追随。他说"休息日基本全在海上，在海边的熟人很多，比如当地的大叔之类的"。让人感受到大海与绿植气息的高桥家，充满了悠闲的、原生的地方特色，恰似温暖的日光。

——生活方式中重要的主题是什么？
能够感受到大海和绿植的生活。一家人去海边。

——为什么选择在这里居住？
感觉？时机？我也说不出为什么。

——倾向于租房，还是买房？
买房。现在已经贷款了。

——缓解压力的方法？
去海里冲浪。

——请告诉我房间的主题和布置原则吧。
加入了冲浪、滑水文化，用色尽量丰富。植物能够增添治愈效果。

——最喜欢家里哪个场所？喜欢在那里做什么？
客厅。和儿子以及爱犬放松休息。

——家里最珍爱的物品是？
儿子的玩具。

——给不收拾房间的人一个建议吧。
尽量不要积攒，勤于收拾。

——喜欢哪种时尚风格？
Surf、Skate、My style。

——每日穿搭中，你最爱用的单品是？
T恤，CONVERSE的ALL STAR。

——喜欢用哪些时尚品牌来打造自己的风格？
LEVI'S®。

——室内装饰和时尚服饰的信息来源是？比如经常阅读哪些杂志或书籍，浏览哪些网站？
Instagram、Pinterest、Tumblr。

——今后想要的东西？
车库。

——简要概括，提升品位需要什么？
一直怀有理想。

——加入BEAMS的契机是？
希望受欢迎。

——在BEAMS的最大好处是？
更受欢迎了。

——迄今为止在工作中，印象最深刻的事是？
邂逅了人生伴侣，我的妻子。

1、5.客厅和木地板的阳台上摆放的仙人掌与妻子的工作相关。她培育的仙人掌来自以日本仙人掌产量第一而闻名的爱知县春日井市,自己创立了Figueroa网店,进行销售,特色是使用流行的马克杯栽培。2.地垫也是美国西海岸风情。3.经常跑来跑去的儿子和爱犬相处融洽。4.冲浪杂志的旁边摆放着栽有仙人掌的脱力系马克杯,这个对比很有趣。6.两只爱犬分别是美国比特犬和法国斗牛犬。夫妻穿的是EVEN FLOW的恶搞T恤,上面印有冲浪者姓名和主流品牌,高桥有时也会为相关策划提建议。7.冲浪板与房间很协调,毫无违和感,这是因为高桥"希望把房间布置成在西海岸看到的那种既像客厅又像车库的房间"。无机质地的空调和电视柜用印花布料和星条旗布料包裹,妻子手工制作的布罩打造出美式风格。

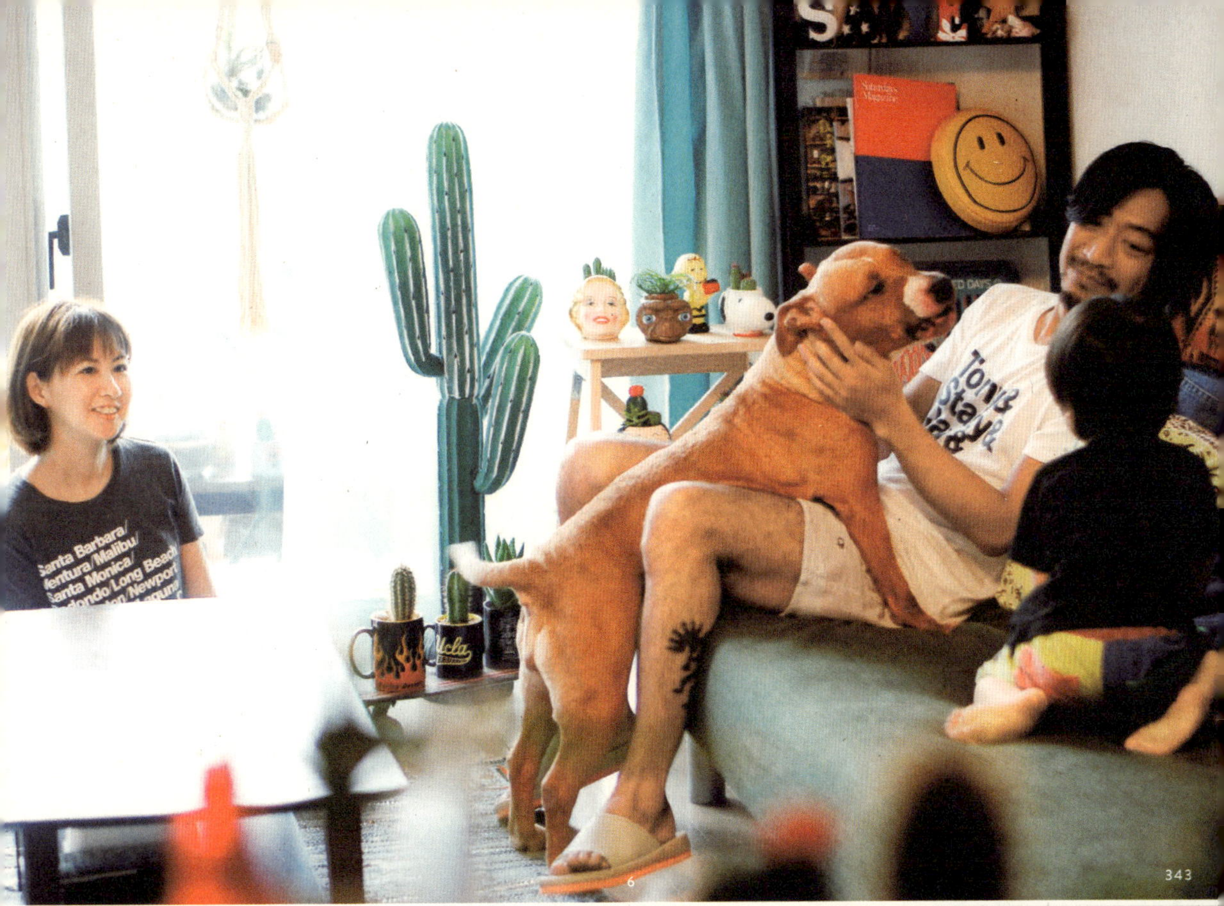

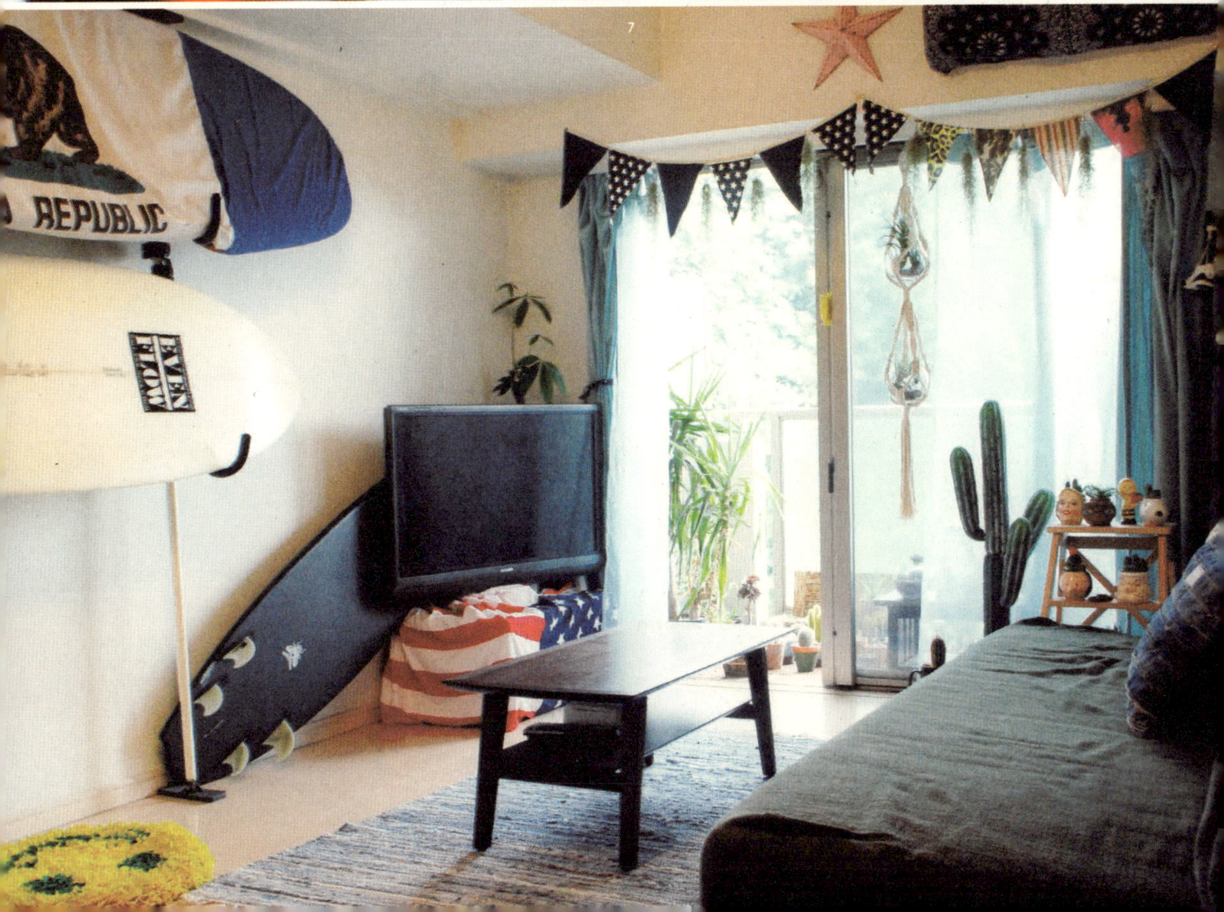

随意贴在厨房吧台一角的海报是冲浪电影中最有名的纪录片、1966年公映的《无尽之夏》（*The Endless Summer*）。即便是不显眼的地方，也满是高桥喜欢的物品。

MY PRIVATE
WARDROBE

havaianas、FILA、NIKE等多双拖鞋。高桥也会重视实用性，他说"冲浪时会脱在岸边，有时会被人偷走，所以都是些便宜的拖鞋"。喜欢的是ASTRODECK。"鞋底与冲浪板的材质相同，就算只穿着它走在街上，也会让我有一种正在冲浪的感觉。"高桥描述道。

除了寒冬，高桥基本都穿T恤。有他上大学时喜欢的Bad Brains和Soundgarden等乐队的T恤，还有《E.T.外星人》等电影公映时购买的电影T恤，都是如今很珍贵的原创古品！他还有许多件印有冲浪者和滑水者名字的恶搞T恤。

348

中田 慎介
中田 顺子

BEAMS MEN'S总监/BEAMS 横滨东口
38岁、33岁/神奈川县镰仓市

离 镰仓站较远的恬静住宅区。中田家"以简洁舒服为主题",以1949年建造的美国时尚建筑的杰作EAMES HOUSE为原型。方正的外观和最少直线所构成的空间中,添加了喜爱的家具和植物的客厅,给人感觉十分舒适。离市中心的距离让人刚好能找到工作与生活的平衡感。身边围绕着爱好之物与家人,田中在镰仓畅享自己的生活。

——生活方式中重要的主题是什么?
玩心。每天都在考虑怎样能享受生活。

——休息日喜欢如何度过?
早晨去冲浪→吃早午饭→和孩子玩→和附近的朋友吃时间很长的晚餐、拉拉杂杂地聊天。

——为什么选择在这里居住?
山、海、萤火虫、鳗重、刺身定食+炸鱼排、镰仓蔬菜、ON和OFF的切换、花火大会、在深夜营业的酒馆小酌、樱花、炖牛肉、国道134号线、海滨公园。

——倾向于租房,还是买房?
买房。房贷已经点燃了自己人生的导火索。

——最重视的时间?如何度过?
想象、模拟、研究、反省。非常重视这样的"思考"。

——收集的东西或毫不犹豫就会买下的东西是?
没有破损、一直沿用到现代的古品日用品和量产商品。当时便宜的量产商品中也有造型、样式美观的物品,会出手购买。

——喜欢的家居品牌(商店)是?
美国所有的古董店。有探寻的乐趣,可以发挥出学习成果,就像是在考试。与每件物品都是一期一会。

——喜欢哪种时尚风格?
喜欢那种在细节和功能的背后隐藏历史、有故事的美式休闲风。

——今后想要的东西?
Moulton Bicycles。

——简要概括,提升品位需要什么?
培养一颗想吸纳、学习的心。

——加入BEAMS的契机是?
上学时就认准了这家公司,没考虑过别处。在飞速变化的时尚行业中,保持自己轨迹的同时灵活地提前应对,我被这样的BEAMS所吸引。

——在BEAMS的最大好处是?
结识了许多人。人脉是我的财富。

——迄今为止在工作中,印象最深刻的事是?
与L.L.Bean公司合作。花费长时间构建起信任关系,成了户外品牌的先锋和合作者,那种感动,我今后一生都不会忘记。

351

大窗之间的墙壁上挂着最喜欢的摄影师石塚元太良的作品。能够眺望窗外的山随四季变幻的绿色,这点是中田最喜欢的。反射在白墙上的阳光让人感觉很舒适。

1.从窗户能够看到屋后的山，山中树木上的各色彩旗是他自己挂上的。2.很有韵味的木梯子是在中目黑的JANTIQUES购买的。住在东京时，买东西主要以学艺大学站的家具一条街为中心。3.纽约的户外品牌BEST MADE的消息板，上面写着"What good shall I do this day？（今日我应行何善事）"挂在楼梯下，肯定可以看到，每天早上上班前都要看一眼。4.有舒适采光的开放式厨房，不锈钢顶板也是以EAMES HOUSE为原型。5.中田从买手时代起就经常去新墨西哥，客厅铺的就是经营多年的CENTINELA的地毯。6.一楼的儿童房和浴室门使用了能衬托白墙的颜色。7.儿童房里挂了多件艺术家之作，都是喜欢的艺术家，如本间良二、丰田弘治、Mat片山等。

出于安全考虑，通往一楼的楼梯处也安装了护栏。中田"喜欢EAMES HOUSE中护栏的感觉"。墙上挂着活跃在欧洲杂志*MONOCLE*上的插画师达米安·弗劳雷伯特·库贝（Damien Florébert Cuypers）的作品，是中田的肖像画。

MY PRIVATE
WARDROBE

中田的眼镜和太阳镜。中间的眼镜盒里是德国品牌Lunor FOLDING的眼镜，是一位公司的老前辈送给他的宝物。右边是Bausch&Lomb20世纪50年代款的眼镜和BEAMS PLUS特别定制的白山眼镜。太阳镜中，他喜欢AMERICAN OPTICAL SARATOGA、RAY-BAN的WAYFARER等。

右边的Cabelas猎装（hunting wear，原本是适合打猎时所穿的服装，具有防露水功能、子弹袋和收腰等设计。现已发展成为日常生活穿着的缉明线、多口袋、背开衩样式的上衣）是20世纪60年代的古品，基于功能性的设计在服装制作时值得借鉴。夹克是铃木大器作为日本设计师刚正式加入WOOLRICH时的作品。一年中三分之二的时间，中田都穿着BD衫。下面是喜欢的鞋子，右起分别是GOKEY、ALDEN、L.L.Bean。

356

吴 杰（音译）

BEAMS 台北
37岁 / 中国台湾台北市

——休息日喜欢如何度过?
悠闲地和家人度过。最近很喜欢和儿子一起,和他说话,两人去很多地方。

——为什么选择在这里居住?
在城市,但植物很多,又安静,交通便利,开车五分钟就到机场。我常去国外出差,这里特别方便。

——缓解压力的方法?
随着年龄的增长,不太有压力了。每天都会遇到很多问题,但我不会烦恼,尽量让自己熟睡一觉,缓解疲劳,第二天头脑清醒,就会有干劲儿。

——请告诉我房间的主题和布置原则吧。
平时回家很晚,所以家里的舒适感排第一位。增添窗边的植物或摆设朋友的照片,随处放置古董和小物件,用蓝色调和诸色。如今,比起建立规则和让房间看上去美观,觉得儿子每天增多的涂鸦看起来更有趣,孩子能够在家自由成长就好。

——家里最珍爱的物品是?
摄影师朋友泉大悟拍摄的黑白照片。

——收集的东西或毫不犹豫就会买下的东西是?
VANS、眼镜、毛线帽。

——喜欢的家居品牌(商店)是?
台湾的话,就是Fujin Tree Home和Uncle Jacks古品商店。

——喜欢哪种时尚风格?
台湾夏季长,比较闷热,所以喜欢T恤配短裤,还有运动鞋。

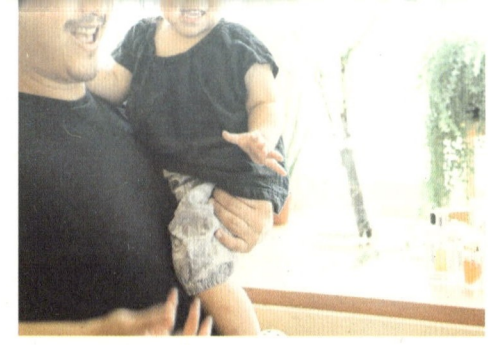

——喜欢用哪些时尚品牌来打造自己的风格?
BEAMS PLUS与其合作品牌。

——今后想要的东西?
想定制一个能收纳很多书、结实好看的书架。

——简要概括,提升品位需要什么?
多交品位高的朋友,接触和经历世界各地的人、物、事。

——迄今为止在工作中,印象最深刻的事是?
富锦街一角的BEAMS TAIPEI开业时,男女老少许多人都来到店里购物。看见BEAMS渐渐在这里扎根,我非常高兴!

1.Fujin Tree355的店里使用的收纳柜直接在家中使用,很喜欢。浓重的木纹颜色与摆放在上面的花、陶器、儿子的玩具和妻子喜欢的画都很相配。2.画家朋友大野清美送的野花的画,挂在墙上展示。3.摄影家泉大悟拍摄的黑白照片旁边,是长子画的活力十足的彩色涂鸦。4.以欧式复古风瓷砖为特征的浴室。古风瓷砖将窗边的绿植衬托得分外好看。5.卧室窗外景致极好,可以遥望起飞时的飞机和远处的群山,是女儿喜欢的地方。6.在长子的房间墙上,有非常喜欢的The Beatles的海报和儿子的涂鸦。杰说"虽然搬家时会很辛苦,但能看到孩子感性的一面觉得很有趣,所以允许他们涂鸦"。7.妻子喜欢收集布料,房间里有从世界各国买回的布匹。

I LOVE THE "BEATL

362

客厅里,各种质感的木材相混合。有位台湾朋友是花卉艺术家兼家居设计师,他使用古材和铁板制作的厚重搁架是这个空间的主角,上面随意摆放干花和酒。

MY PRIVATE
WARDROBE

杰说"喜欢蓝色调的搭配",最近喜欢Frank&Eileen的衬衫。Pilgrim Surf+Supply和REMI RELIEF联合出品的短裤,是在高温潮湿的气候中保持舒适的必需品。他有许多顶毛线帽,但在BEAMS购买的靛蓝色帽子是其中最常戴的,非常喜欢。

放在玄关搁架上的杰爱用的物品。看当天的心情,多搭配眼镜。杰说"收集了许多眼镜,喜欢OLIVER PEOPLES和ayame知性的纤细轮廓,平时就会经常戴。在这之中,现在最喜欢的是OLIVER GOLDSMITH的眼镜"。

客厅里摆放着北欧设计风格的椅子。儿童房里传出小姐妹充满活力的笑声。透过大敞的窗户,可以望见天空中飘浮的白云、深绿色的树木和远处的海平线。想象早上从这间屋子里出去上班,夜晚回家时的那种心情。归途上脑海中掠过家人的笑脸,嗅到晚饭的香气,想着周末去冲浪、深夜看电影,这样的每一天肯定都会一样的令人愉悦。

——休息日喜欢如何度过?
早起去冲浪→和孩子骑自行车去公园。

——为什么选择在这里居住?
离海近,自然环境好,买东西方便。

——倾向于租房,还是买房?
买房。为老了以后着想。

——缓解压力的方法?
冲浪,还有独自看电视和电影到深夜。

——请告诉我房间的主题和布置原则吧。
没有特别的主题,但不知不觉间发现ARTEK越来越多。妻子也喜欢北欧风,自然而然就变成这样了。

——家里最珍爱的物品是?
冲浪板和喜欢的家具。

——收集的东西或毫不犹豫就会买下的东西是?
孩子撒娇求我时什么都会给她买。

——喜欢的家居品牌(商店)是?
talo、HYGGE(仙台)、CALIFORNIA、SEAKONG。

——给不收拾房间的人一个建议吧。
我也想请教呢。

——喜欢哪种时尚风格?
最终会选轻松舒适的。经常买宽松款。

——每日穿搭中,你最爱用的单品是?
BIRDWELL的短裤、凉鞋、VANS的休闲鞋。

——喜欢用哪些时尚品牌来打造自己的风格?
BIRDWELL、RAINBOW SANDALS、BEAMS(SURF&SK8)。

——室内装饰和时尚服饰的信息来源是?比如经常阅读哪些杂志或书籍,浏览哪些网站?
没有特别的,经常去T-SITE看各种各样的书。

——今后想要的东西?
想要个古品置物架。收纳用的器具太少了。

——简要概括,提升品位需要什么?
……有点难啊。大家都很时尚。好也罢坏也罢,我是没有改变以前的风格。但只要来BEAMS就能培养品位唷!

——加入BEAMS的契机是?
还是因为喜欢洋装。BEAMS在当时的买手店中是最酷的。

1.菊地生活在海边,他的爱好是冲浪。6席榻榻米大的房间是菊地所谓的"冲浪房",整齐地收纳着许多冲浪板,多得这个空间快装不下了。2.客厅里有好几把椅子,比家庭成员的人数还多。中间是天童木工的沙发。3.芬兰代表家具厂商ARTEK的扶手椅406(右)和402(左)。4.菊地自己拍摄的姐妹成长记录挂在儿童房的墙上,每张的表情都很好。5.菊地家位于高地,又是高层,客厅一年四季的采光都很好。如果拉开窗帘,就能看见海平线,对于喜欢大海的人来说真是欲罢不能,没有什么比这更好的了。6.看起来不可思议的物体,其实是挂衣架,是ENO studio设计的很幽默的商品。7.挂在墙上的艺术品和海报,也几乎全是与设计师阿尔瓦·阿尔托(Alvar Aalto)和椅子相关的东西。上幼儿园的女儿一整天都黏着休假的爸爸。

开放式、能看到整个房间的厨房是妻子的领地。这里也没有缺少北欧设计。ANTTI NURMESNIEMI的多彩咖啡壶和SVENSKT TENN的托盘也让人心情愉悦。

MY PRIVATE
WARDROBE

菊地的行头清一色都是冲浪用的冲浪服和长冲浪板。收纳在"冲浪房"中的定制款冲浪服有好几件,对应不同季节。如今主要用的那件是从大约三年前开始穿的。长冲浪板一共有八面,他笑道:"住在公寓里的人,一般不可能有这么多呢。"

这些也是摆设在"冲浪房"里的、与大海和冲浪相关的物品。除了约十五年前在巴厘岛买的冲浪摆件之外,其余大体是从BEAMS或海外购买的小物件,女儿也很喜欢。还有美国的冲浪杂志SURFER MAGAZINE和加利福尼亚发行的滑板品牌SECTOR 9合作出品的珍贵滑板。

372
坂口 响子
海外事业开发部
34岁 / 东京都世田谷区

从车站徒步一分钟就可到达这栋设计师公寓。按下门铃，不认生的爱犬史黛拉出来迎接。落地窗透进光与风。餐厅里摆设着绿植和很喜欢的桌子，两人会在桌旁并排用餐。祖母留下来的铁壶、雕刻家叔父制作的摆件和从小时候用到现在的衣柜，都是收纳在紧凑空间中的珍贵之物。坂口的生活，满溢着家人的爱。

——休息日喜欢如何度过？
带史黛拉散步，去购物，做好饭一起吃。虽然琐碎，却是非常珍贵的家人团圆时间。

——为什么选择在这里居住？
丈夫原本就住在这个小区的单身公寓，结婚后搬到了稍微宽敞点的房间。

——请告诉我房间的主题和布置原则吧。
多放绿植。内饰风格还在摸索之中，但购买时会侧重经久耐用、会随年月变化产生韵味的物品。

——最喜欢家里哪个场所？喜欢在那里做什么？
在厨房做菜。还有就是吃完饭后，两人一起看电影或球赛。

——收集的东西或毫不犹豫就会买下的东西是？
玻璃制品。最近很喜欢在吉祥寺的摘草买的玻璃杯和水罐，也很喜欢用PETER IVY的玻璃杯。

——喜欢的家居品牌（商店）是？
D&DEPARTMENT。买了这个品牌的书架。

——喜欢哪种时尚风格？
主要是简洁风。在了解自己喜好和搭配的基础上，将其用洋装表现出来，这是我所喜欢的。

——每日穿搭中，你最爱用的单品是？
牛仔服和珍珠耳环的搭配。喜欢A.P.C.的衣服，很珍惜地在穿，想把它穿出韵味。

——室内装饰和时尚服饰的信息来源是？比如经常阅读哪些杂志或书籍，浏览哪些网站？
插画师嘉兰丝·多尔（Garance Doré）写的博客。成熟法式风情很棒！MAN REPELLER的博客也很有个性，很有趣。

——今后想要的东西？
房子和汽车。朋友说我"适合日产的Rasheen"，我就一直都很在意（笑）。

——简要概括，提升品位需要什么？
去经历。不断失败。

——在BEAMS的最大好处是？
结识了许多真正热爱时尚的人。我发现，这种心情会成为工作的原动力。

——迄今为止在工作中，印象最深刻的事是？
与自己负责的海外店铺开业相关的全部事情。公司内外许多员工合力推进，迎来了开业第一天，当时非常开心。那个瞬间，我也真切地感受到有这么多人在支持我。

经久耐用的家具齐备,两人+一只动物的坂口家。舒适的季节,就在屋外的木质露台上度过。丈夫负责冲咖啡,使用Blue Bottle Coffee的咖啡豆,今天的咖啡也有上好的味道。

1.玄关柜上收集的纪念品。小鹿田烧的花瓶中,插放去青森旅行散步时捡到的树枝。石川特产的小器皿中放着史黛拉的乳牙。2.Christian Louboutin和J.M.WESTON等喜欢的鞋子收在鞋盒里。上面贴着宝丽来照片,一眼就能找到想要的鞋子。3.卧室里的鱼形吊件。从幼时就使用的衣柜经过历年变化韵味渐深。4.BISLEY的文件柜上,摆放着在购物时碰见的熊形玩偶和出差时买回来的飘雪球。5.从厨房看到的盥洗间。移动的路线也是这个房间的特色之一。放在厨房里的铁壶是从深爱的祖母那里收到的礼物。6.舒适的沙发是天童木工的,矮桌是KARTELL的,地毯是芬兰品牌JOHANNA GULLICHSEN的。7.把鞋子和餐具都摆放在一起,是因为这些全部容易拾放得很整齐。

377

考虑到将来家人有可能增加,选了稍大的伊玛里·塔佩瓦拉设计的暖桌,现在上面清晰地留有史黛拉的抓痕。坂口说"这个痕迹也是家的纪念,能感觉到爱呢。今后也会一直用下去"。

MY PRIVATE
WARDROBE

平时用的首饰放在祖母做的雕金托盘里。有tortue、MALCOLM BETTS等指环，还有小时想着长大后就买的Marie-Hélène de Taillac的耳环和salet的花形耳环。20岁生日时父母送的OMEGA手表是她的宝贝。AHKAH的手链和YAECA的手镯也同样珍贵。

坂口的基本款。COMME des GARÇONS的外套，how to live的店服款外套，Muhlbauer的帽子。KICS DOCUMENT和Sunspel的服装，LEVI'S®的古着夹克也是常穿的。为了风格的完整性，还会搭配TOD'S的乐福鞋和MAISON MARGIELA的靴子。

380

德重 雪奈

Ray BEAMS 池袋
31岁/埼玉县所泽市

熟练做菜的身影很适合德重，她生活中的关键词有时尚、文学、家居，还有菜肴。厨房用具、餐具和调味料也作为内饰，为餐厅增添了色彩，构成了五味俱全的特色空间。不过，喜欢太宰治的德重最倾心的还是书架。她说"每天都是奇迹。不，生活全部都是奇迹"，想着太宰治这句话度过的闲适时光，真是幸福的极点。

——生活方式中重要的主题是什么？
有能平心静气的时间，能够享受自己爱好的空间。

——休息日喜欢如何度过？
首先时间不要受限制（笑），和家人见面。

——为什么选择在这里居住？
当时是觉得便宜，有年代感。

——倾向于租房，还是买房？
其实是想买房，因为想自己DIY。

——最重视的时间？如何度过？
什么都不用想的自由时间，读书。

——缓解压力的方法？
散步、唱K、喝酒、买买买。

——收集的东西或毫不犹豫就会买下的东西是？
围巾、饰品、袜子、伞、杂物。

——喜欢的家居品牌（商店）是？
吉祥寺的Roundabout和福生的FUJIYAMA FURNITURE。

——给不收拾房间的人一个建议吧。
想象自己开启了"收拾模式"。

——喜欢哪种时尚风格？
穿起来舒服的衣服。

——每日穿搭中，你最爱用的单品是？
小物品、帽子、饰品。

——喜欢用哪些时尚品牌来打造自己的风格？
古着、Ray BEAMS、BEAMS PLUS、COMME des GARÇONS。

——喜欢的作品？
太宰治的短篇《关于服装》。

——今后想要的东西？
印第安珠宝、COMME des GARÇONS的连衣裙、ARTS&SCIENCE的滤茶网。

——简要概括，提升品位需要什么？
意志坚定地生活，入手感觉可以成为宝物的东西。

——在BEAMS的最大好处是？
接触到许多洋装、许多有趣的人。

——迄今为止在工作中，印象最深刻的事是？
客户成了我的粉丝，我觉得很幸福，很值得。

德重"喜欢从小物品中可见的景致"。拜托朋友制作的餐具架上摆放着PYREX和DULALEX的玻璃杯、在吉祥寺的Roundabout购买的柳宗理的小物件等,这些摆设是营造房间氛围的关键要素之一。

1.德重受父亲影响,小学开始就喜欢读书,引以为豪的书架上紧紧排列着书籍。横竖分开,组合收纳。她的下一个目标是重新粉刷书架的颜色。2.看书时喜欢听爵士乐。伯特·巴卡拉克(Burt Bacharach)的唱片也起到了装饰作用。3.古品置物架上放着CONVERSE鞋,可视化收纳值得借鉴。4.成堆的书籍。从外国文学、文艺杂志到时尚杂志、漫画等,不问种类,饱阅群书。5.沙发罩是在FUJIYAMA FURNITURE购买的,衬托出随意摆放的围巾的缤纷色彩。6.旧窗框上按照自己喜欢的样子装点上干花和小东西。7.餐厅的餐桌是朋友为庆祝她搬家送她的欧洲古品。这里是擅长做泰餐的德重很喜欢的地方。

5

6  7

自制的窗帘和干花让人感觉很优雅。德重的风格是，自己能做的东西尽量DIY，并将其添加到房间里。

MY PRIVATE
WARDROBE

最前面的手链是MARIA RUDMAN的。钻石戒指是WADA的，是就任店长时买给自己的奖励。旁边的两个金戒指是祖母的遗物，很珍惜。左边是ORVILLE TSINNIE的手镯。最里面是喜欢的牌子SUNSEA的手环。

德重喜欢各种风格。麦秸帽子是SUNSEA的，格子图案的衬衫裙是INDIVIDUALIZED SHIRTS，中间的白色连衣裙和头巾是在古着店买的20世纪70年代的欧洲古品。牛仔裤是从高中时起就很爱穿的。

斋藤夫妇说"喜欢的东西相似,夫妻俩会一直聊衣服(笑)"。双人衣橱里,挂的满满的全都是最喜欢的美式洋装。而玄关附近的鞋子则几乎全为辰德所有。

虽然有简约风和断舍离的热潮，但斋藤夫妇并不受其影响。喜欢得不得了的衣服、鞋子和杂物囤积再囤积，不会在意他人，被自己喜欢的物品环绕就会很开心。在如此生活的两人之间，关于时尚、电影和书的话题源源不绝，欢笑声不断。这个空间，与BEAMS的商店有说不出的相似，让造访者也变得幸福，就像令人期待的宝盒一般。

——为什么选择在这里居住？
离涩谷近。

——倾向于租房，还是买房？
早晚还是要买。

——最重视的时间？如何度过？
两人购物。

——请告诉我房间的主题和布置原则吧。
只是不知不觉之间把自己喜欢的东西收集起来而已，没有什么特别的规则。

——家里最珍爱的物品是？
在古着店、古品店里偶然遇到的小东西。

——收集的东西或毫不犹豫就会买下的东西是？
牛仔裤、印花方巾、古品杂货、法兰绒衬衫、运动衫。

——喜欢的家居品牌（商店）是？
位于东心斋桥的SEARCH LIGHT和位于北堀江的INDIGENA。

——给不收拾房间的人一个建议吧。
至少先把衣服叠起来！

——喜欢哪种时尚风格？
将自己喜欢的服饰，按照自己的风格和适合自己的感觉穿戴搭配。

——每日穿搭中，你最爱用的单品是？
牛仔裤。

——喜欢用哪些时尚品牌来打造自己的风格？
觉得好的东西就会毫不犹豫地买下来。

——室内装饰和时尚服饰的信息来源是？比如经常阅读哪些杂志或书籍，浏览哪些网站？
Instagram。

——今后想要的东西？
古品长凳，古品军用表。

——简要概括，提升品位需要什么？
看，摸，买，穿。

——加入BEAMS的契机是？
说起美式休闲风就会想到BEAMS。总之我很喜欢BEAMS BOY。

——在BEAMS的最大好处是？
与人的邂逅。

1.厨房附近的小东西,有许多两人喜欢的美式物品。2.忍不住在古着店等处买的杂货小物,以铝制徽章为代表。3.斋藤家的厨房。从大窗透进的明媚阳光照射在Fire King的马克杯上,感觉很好。4.墙上贴的绣章也是收集品之一。许多印第安珠宝,两人都会使用,都很喜欢。据说BEAMS的促销活动他们是常客,会夫妻二人一起去买。5.辰德很喜欢鞋子,每个月都会买两双。有年代感的鞋盒和塞得满满的运动鞋都成了装饰。6.印花方巾是夫妻共同的收集品,码放整齐,就像摆在商店里一样。右上角靠里的徽章上的图案是历代美国总统。7.同一本书有两册,是因为结婚前两人各自都有这本书,可见夫妻的心有灵犀。

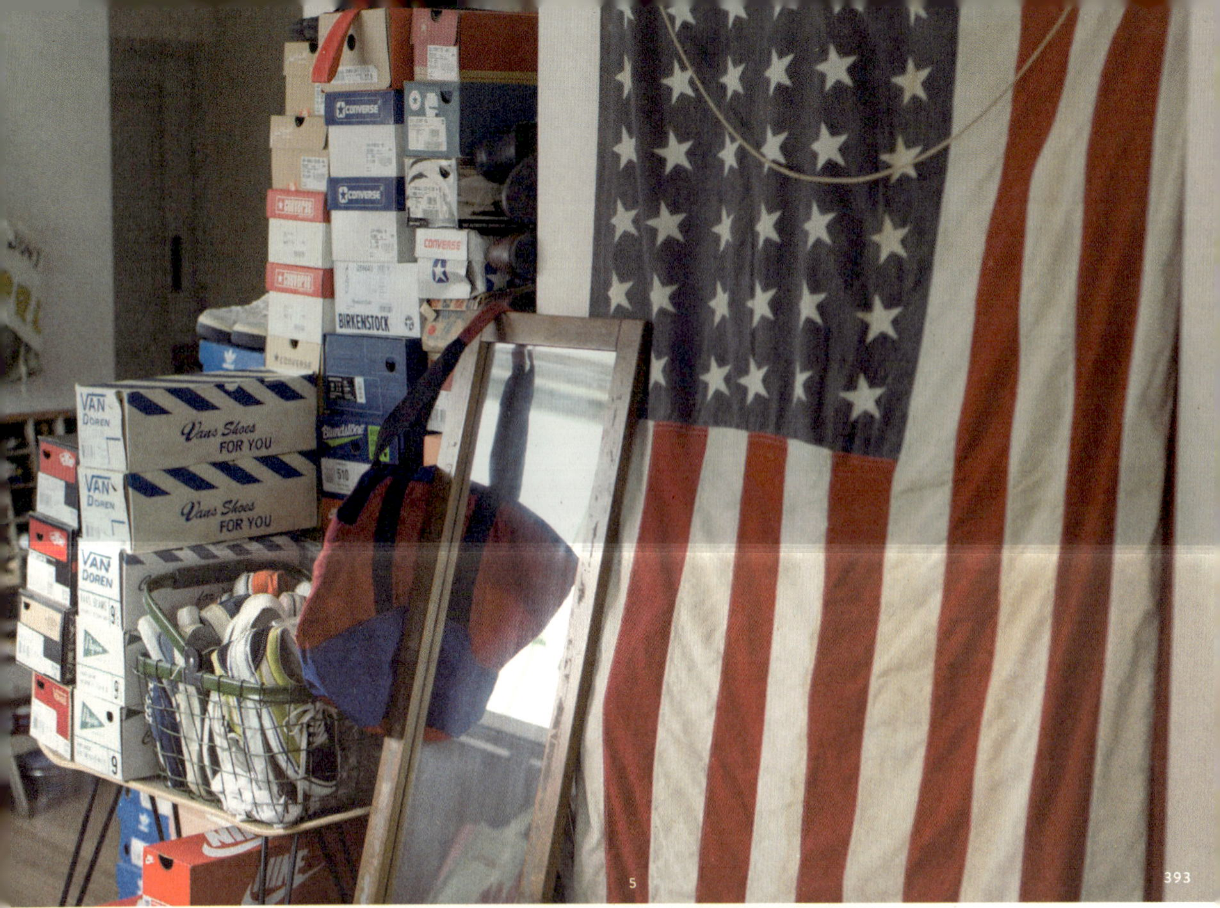

5

6   7

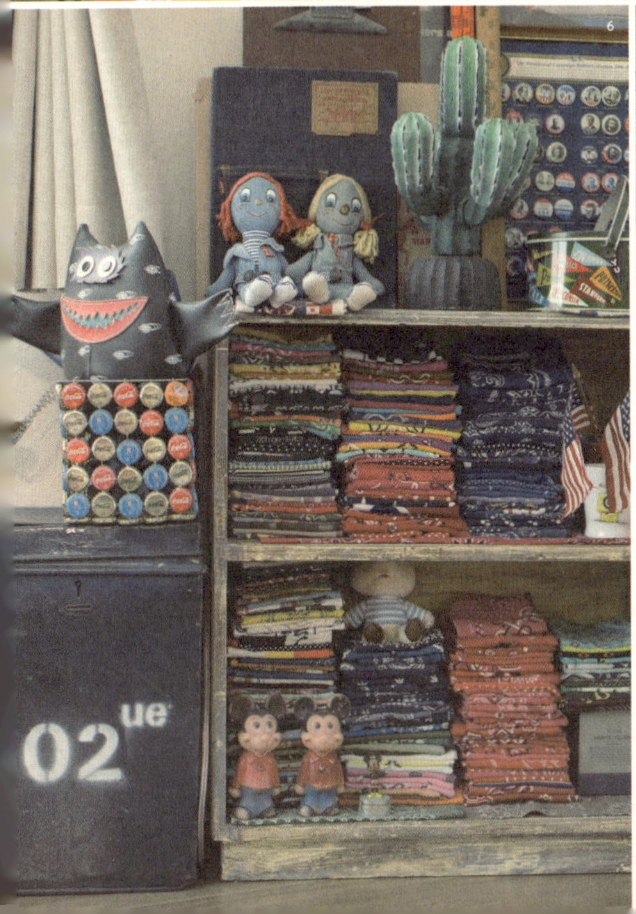

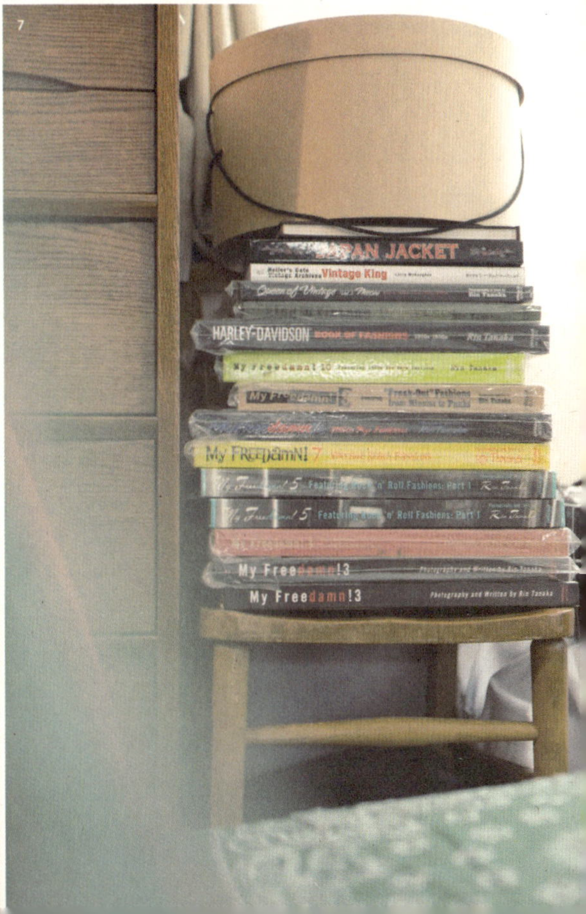

393

原本想作为卧室,不知不觉变成了衣柜。"斋藤夫妇笑道"东西都不下来。"眼睛越来越多,一睁眼全是衣服、衣服、衣服。古着较多,大概占到六成。"我们喜欢的东西都一样。"斋藤夫妇异口同声道。

MY PRIVATE
WARDROBE

斋藤夫妇的衣服。左边格子衬衫是麻有买的古着。中间是辰德的最爱,带普林斯顿大学LOGO的T恤,有两件不同颜色的。上面是辰德的休闲卫衣,"喜欢剪裁就买了"。CONVERSE休闲鞋是20世纪80年代发售的稀有款。patagonia的背包也在搭配中不可或缺。

两人都"很喜欢LEVI'S®",他们最喜欢LEVI'S®的布偶。摆在里侧的筒形盒子是20世纪60年代生产的饭盒,盒壁贴的是大学队旗的贴纸,上面摆的是收集的大学毕业纪念指环。中间那枚是辰德出生那年,1976年制作的。印有大学队旗和标志的枕巾和玻璃杯购于古着店。

396
川岛 康史

BEAMS 涩谷
43岁/神奈川县中郡

川岛一家在海边生活，房子离大矶海岸很近，有好闻的海风味道。边放巴萨诺瓦（Bossa Nova, 是一种融合了传统巴西桑巴的节奏和爵士乐轻快旋律的"新派音乐"）风格唱片，边入迷地看植物摄影集度过午后。川岛说："自己心里觉得好，就足够了。觉得现在渐渐地接近那个真实的自己了。"花费时间去慢慢探求属于自己的生活方式，如今，他终于找到了。

——休息日喜欢如何度过？
培养植物。

——为什么选择在这里居住？
离大海近，能够放松。

——最重视的时间？如何度过？
全家旅行。去伊豆或热海，泡温泉、逛植物园。

——缓解压力的方法？
好好吃饭，好好睡觉。

——请告诉我房间的主题和布置原则吧。
摆放植物，使人放松的气氛。

——最喜欢家里哪个场所？喜欢在那里做什么？
在院子里，照顾植物、给植物换盆。

——家里最珍爱的物品是？
植物。

——收集的东西或毫不犹豫就会买下的东西是？
植物和花盆等材料。最喜欢仙人掌。

——喜欢的家居品牌（商店）是？
位于平塚的北欧家具talo。

——给不收拾房间的人一个建议吧。
不要的东西尽早处理。

——喜欢哪种时尚风格？
简洁干净的美式休闲（白T恤，白色BD衫搭配牛仔裤）。

——每日穿搭中，你最爱用的单品是？
帽子。

——喜欢用哪些时尚品牌来打造自己的风格？
BEAMS PLUS。

——室内装饰和时尚服饰的信息来源是？比如经常阅读哪些杂志或书籍，浏览哪些网站？
叢（Qusamura）的网站、ENGINEERED GARMENTS的网站。

——今后想要的东西？
玻璃温室。

——简要概括，提升品位需要什么？
不怕失败、敢于尝试的精神。

——加入BEAMS的契机是？
希望和有魅力的前辈们一起工作。

——在BEAMS的最大好处是？
结识了许多时尚人士。

从玄关走到屋外就能看见工作台,用作工作台的桌子是妻子的祖母以前使用的老方桌。切下多肉植物的叶片,并排摆放在潮湿的土料上,就会自然生长出叶子。

与LDK连通的庭院里，排列着仙人掌和多肉植物的塑料温室。和往常一样，川岛为植物换盆时孩子们就会聚集过来，一起观察植物如何生长。一家人和睦安乐。

1.书房里摆满了植物和LP唱片。川岛喜欢20世纪60—80年代的摇滚和爵士乐,有日本的HAPPY END(活跃在1969—1972年的日本乐队)、YMO等。2.川岛最喜欢读的书之一,1961年初版的《仙人球新入门》。边播放喜欢的唱片,边读与精心培育的仙人球相关的书,是他的特别时光。3.父女俩谈笑风生。4."每年爸爸过生日,都会给他植物呢。"大女儿笑眯眯地说。5.在BEAMS TIME购买的仙人掌之骨(cactus skeleton)。6.卧室的植物角。睡觉前把喜欢的植物摆在桌子上欣赏是川岛每天的例行功课。7.在北欧家具talo买的AALTO的挂衣架。金属挂钩上刚好可以挂一些背包和帽子。8.北欧古品家具和约瑟夫·艾伯特(Joseph Albert)的海报成了内饰中的亮点。

6  7

401

8

窗边的空气凤梨，或是从垂吊下来的柚木提篮中探头张望，或是被安置在软木上，展示方法多样，乐趣颇多。右侧花盆里高挺的植物是蕨类植物台囊蕨。

MY PRIVATE
WARDROBE

主题是工装&牛仔。US军需工装和法军飞行员用短裤。有罗伯特·德尼罗（Robert De Niro）感觉的M65等。ENGINEERED GARMENTS的猎夹夹克和KAPTAIN SUNSHINE的薄款毛衫等都很成熟、休闲。BEAMS PLUS的特别定制款DOMKE相机包也很喜欢。

川岛很珍惜的饰品。右起是在BEAMS购买的纳瓦族的手镯和放大镜。三角形的霍皮族项链。ROLEX是年轻时买的，之后一直在用。每件都年代久远，随年代而渗透出独特的风格。与盛开紫花的扁担西施（bandensis，空气凤梨的一个品种）也是绝妙的组合。

在主人的引领下走进客厅，最先映入眼帘的就是窗外满溢的绿色。既没有宽敞的庭院，也没有养料丰富的肥沃土地。"兰草即使没有土壤也没关系。"狩野边介绍边拿起生长在木片和软木上的兰草让我们观看，对他来说，这处居所终究是为了植物。花费心思，不惜时间，对植物越来越喜爱。从虽小但生机勃勃的阳台眺望大分的街区，今天也将与植物度过。

——生活方式中重要的主题是什么？
吃美食，喝美酒。边守护植物边生活。

——倾向于租房，还是买房？
目前倾向于租房。但是希望住在独立的房子里。想创造能一心种植兰草的环境（温室）和一座漂亮的花园。

——最重视的时间？如何度过？
早上浇水是必做功课。休息日早些吃晚饭，在家里悠闲地待着。

——缓解压力的方法？
吃美食、喝美酒、唱K。但基本上感觉不到什么压力。

——最喜欢家里哪个场所？喜欢在那里做什么？
在阳台上给花浇水，满心喜爱地看着枝叶生长。

——家里最珍爱的物品是？
餐厅里伊玛里·塔佩瓦拉设计的餐桌、Y形椅。

——收集的东西或毫不犹豫就会买下的东西是？
兰草、植物容器、乡土玩具（尤其是纸糊人偶）。

——喜欢的家居品牌（商店）是？
工艺风向、PLACERWORKSHOP、STANDARD MANUAL、望云（以上都在福冈）、SPICA（大分）。

——喜欢哪种时尚风格？
基本是户外风格，但也喜欢白配黑那种单色搭配。

——今后想要的东西？
基里姆花毯，野口勇的AKARI灯具（像角一样的那种），HELINOX的外套。

——简要概括，提升品位需要什么？
去看、去了解好的东西。遇上觉得好的东西，不管别的先塞进头脑中。去学习，仔细听别人怎么说。

——加入BEAMS的契机是？
上学时喜欢古着店，希望去古着店从事服装行业的工作，常去的一家古着店的人跟我说"进大公司工作，更能学到东西呢"（如今想来，人家的意思是说这家店不招工），我就以BEAMS为志向了。当时的上司面试了我三次，我心怀对他的敬仰进入公司工作。

——在BEAMS的最大好处是？
遇到了尊敬的前辈和上司，能给予我激励的同事，还有可以信赖的后辈。

原种兰有许多奇形怪状的，狩野被它们的样子所吸引。现在他收集的来自澳大利亚等地的稀有植物超过一百种。陶土、木头和布料等材质相结合的花盆也成了装饰的一部分，看着就有好心情。

1.厨房的角落也少不了绿植。冲绳买的蕨草编筐用作花盆套盆。2.毫不犹豫就会买下的纸糊人偶,为橱柜增添了独到之处。3.到处都是植物的客厅里挂着多贡族的泥染布,狩野说"最近对原始世界的布匹着着迷"。4.以植物和感兴趣的书为佳肴,喜欢边看边喝酒。爱读的书是兰草图鉴! 5.融入空气中的件件民艺品。在东京的商店一眼看中的平衡玩具清爽地悬浮在空中,很治愈。6.从厨房通到客厅的墙下摆放着色彩、形状和材质都不同的凳子。可以坐,可以放东西,也可以摆放植物,有许多用途。7.尤根·列鲁(Jurgen Lehl)的竹筐里放着瓦哈卡的木雕,鲍勒族的椅子搭配非洲的酒椰叶纤维绒垫,世界各地的民艺品融于同一空间。8.在常去的兰草专卖店里买到的印度尼西亚的兰草,摆放在伊玛里·塔佩瓦拉设计的桌子上。"这是最近新来的孩子。"狩野说,从这句话可以看出他对植物的热爱。

植物不能缺水,狩野还配备了小型喷雾器,每天早上从给植物浇水开始,或是挪盆,或是确认土壤的状况,优先确保植物的舒适,也会重视美观。这是他最喜欢的从客厅往外看的景致。

MY PRIVATE
WARDROBE

夏天去野营,冬天去滑雪,狩野一年四季都喜欢户外运动。VERVE的AVIGNON(中间靠左)是进BEAMS时买的2015年的款式,有纪念意义。patagonia的垂钓服(靠前),狩野喜欢这件的短款设计。每件衣服都"结实耐用,功能性和设计感都很好",所以日常也会"衣尽其用"。

兰草、空气凤梨、玉扇、绿珊瑚等都是狩野喜欢的植物,这些植物所环绕的是山口县萩市的陶艺家滨中史朗的陶器。皮革黑陶器以黑色皮革般质感为特征,狩野被其所吸引,他还到窑口请求滨中史朗本人制作了原创设计的碗(靠前)作为婚礼的回礼,是特别定制品,世界上仅有十六只。

412
远藤 惠司
董事 副社长
63岁/东京都新宿区

与朋友们团聚、聊天、吃饭，虽是再熟悉不过的日常，但当下实际能享受如此时光的人或许并不多。一家之主远藤的生活方式原则中，就有"召集人"这个信念。像召集人们来BEAMS商店时那样，他在日常生活中也会设计这样的时间和场所。他自己的家有着博大的胸怀，不分家人和工作同伴，都当作是一个"大家庭"的成员接纳进来。

——生活方式中重要的主题是什么？
大家庭齐聚家中。

——为什么选择在这里居住？
是老家，生我养我的地方。

——最重视的时间？如何度过？
在家的时光，家是休息的场所。

——缓解压力的方法？
和亲近的朋友、家人在一起。

——请告诉我房间的主题和布置原则吧。
色彩相配的物品的组合。

——最喜欢家里哪个场所？喜欢在那里做什么？
在房顶的木露台和阳台上烧烤，感觉离天空很近。

——家里最珍爱的物品是？
烧柴的暖炉。

——收集的东西或毫不犹豫就会买下的东西是？
世界各国的地图。

——喜欢的家居品牌（商店）是？
THE CONRAN SHOP。

——给不收拾房间的人一个建议吧。
勇敢地扔东西（也告诫自己）。

——喜欢哪种时尚风格？
传统美式风格（BEAMS PLUS的世界观）。

——每日穿搭中，你最爱用的单品是？
美国本土的银质别针。

——喜欢用哪些时尚品牌来打造自己的风格？
ENGINEERED GARMENTS。

——今后想要的东西？
诺曼·洛克威尔（Norman Rockwell）的原画。

——简要概括，提升品位需要什么？
和品位高的人来往。

——加入BEAMS的契机是？
与设乐社长的缘分，我们从6岁时起就在一起。

——在BEAMS的最大好处是？
能与许多像我的弟弟、妹妹、儿子和女儿那样有个性的员工在一起工作。

——迄今为止在工作中，印象最深刻的事是？
在之前常去的时尚圣地意大利米兰的店里，看到意大利人购买BEAMS商品时的那种感动让我记忆犹新。

1.远藤亲自参与设计的建筑外观。越高的窗户尺寸越小,给人一种豁达感。2.这天是远藤一家和BEAMS员工共十五人参加的烧烤聚会。3.女婿是法国著名餐厅的主厨。围绕着主厨,大家一起尽情烧烤尽情吃喝真的很开心。4.和92岁的母亲一起享受美食,四世同堂。远藤说"聚会时喜欢拍照片",他是今天的东道主,也是最开心的人。5.玩得很开心的孙子。不认生,活泼地和客人们一起玩闹,也许因为在爷爷的"聚会之家"下成长,才培养出如此开朗的性格。6.远藤家周围几乎没有能遮住风景的高楼。来到屋顶,可以感受到开阔天空的爽快感和清新空气的舒适感,连晴空塔都可以看到。7.远藤喊"预备,齐",大家一起合影留念!

在黄昏时分的屋顶上,望着落日,开阔的全景让人觉得自己仿佛不在东京,但聚会的欢声笑语仍不绝于耳。无论是孩子还是大人,都还在尽情地享受这个家的舒适和温馨。

客厅一角是远藤的爱好角,爱犬巴蒂趴在一旁。百科辞典和画集并排摆放,远藤说"虽然现在很少有人看这种书,但书中自有醒醐味"。还有1998年限量销售50个的BEAMS原创G.I.JOE人偶,它脚上穿的就是BIRKENSTOCK。

8.迎接众多客人的远藤宅门也是他自己的设计。"住在德国时,我就很憧憬锻铁家居用品",这扇门也是锻铁制成。9.门中央用暗纹写出制作的年份,体现了玩心。在岁月流逝中提醒他,家里人气旺,才会有威望。10.令远藤引以为傲的壁炉,在寒冷的季节能一直温暖到人心里。很享受冬天早上烤火的气氛。11.远藤至今为止访问过的世界各地的地图。在旅行地购买,如今已经堆积成山。以回忆为菜肴的小酌时刻也是最幸福的一刻。12.客厅兼餐厅的墙面收纳也是特色设计。客人很多,一整面墙的空间收纳了大量餐具。13.如远藤毕生事业一般的合影,从BEAMS公司内部的活动到家庭聚会应有尽有。远藤说"召集人们,体会人情味,这符合我自己的风格",这些照片是他宝贵的收集品。

12

13

上大学时,在神保町的铃兰大街上花五千日元买到的琴,历经岁月变得干燥,声音的韵味不断增加。远藤从上中学时开始就和BEAMS的设乐社长一起组建乐队,两人是非常好的朋友。

MY PRIVATE
WARDROBE

远藤的衣服，每件都有年代感，每件都让他爱不释手。二十三年前FALLAN&HARVEY的单品西装夹克，CENTINELA的马甲，罗伯特·华纳（Robert Warner）设计的背包，夏威夷演出团团长送给他的KAMAKA的尤克里里，中学时买的班卓琴，槙原敬之送的班卓琴形状的别针。印有肖像画的T恤是60岁纪念。

收集的鞋子整齐地摆放在鞋架上。左下是二十五年前，第一次请GEORGE CLEVERY的工匠制作的鞋子，很有纪念意义。还有定制的ALDEN等。这些鞋子随着时间的流逝，变得更适合主人，并且让人感到一种毫不动摇的创作的精神。这些鞋子中也贯穿了远藤的信念，陪他共同邂逅了许多人、许多事。

MY FAVORITE THINGS

我最喜欢的物品

因为偏爱才有趣。20世纪80年代的乐队风T恤、登山鞋、古品领带夹、红酒、滑板、头饰、泳衣、招财猫、大阪世博会纪念品、音响、原创艺术品……希望在生活中被这些深爱之物所环绕，去咀嚼实实在在的小幸福。接下来将一举介绍BEAMS七十八名员工的偏爱之物，主人的风格会在物品中自然流露。

425

apple goods

时代最高杰作
与工作也相关的
Apple 产品

Hiroshi Doiji

土井地 博
公关总监
38岁 / 神奈川县川崎市

契机：臣服于其设计，不知不觉成了"果粉"。收集了20世纪90年代后期至今的各种产品。**魅力**：既是各个时代最好的产品，每天又能带给我收到来自未来的礼物般的惊喜和感动。**收集之乐**：太喜欢了，还去从事Apple相关的工作，收集只在Apple总部出售的各种商品。**生活讲究**：从古老的美国物品到日本工艺品，希望把从各种角度都"看中"的物品放在身边。

my oil painting

就算喜欢的衣服被弄脏
也欲罢不能的
油画绘画

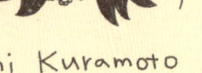

藏元 玲美
Demi-Luxe BEAMS 日本桥
24岁 / 东京都杉并区

契机：从高中到大学的七年间一直是油画专业。还绘制过两席榻榻米大小的展板。**魅力**：每次穿自己很喜欢的衣服，就会蹭上油画颜料。油画颜料洗不掉，发现衣服被弄脏的瞬间会很绝望，但我喜欢画画，没法放弃。**生活讲究**：读了关于房间物品最少化的书，被感化了，尽量少放东西。话虽如此但不知不觉就到处乱放了……

shimano calcutta XT series

享誉世界的日本珍品
SHIMANO Calcutta XT 系列
卷线器

鸟塚 宁
促销本部
56岁 / 茨城县取手市

邂逅：SHIMANO于1995年发售的Calcutta XT系列。左起分别为50XT、201XT、101XT。刚发售时，这些卷线器摆在店头的玻璃展柜里散发出黄金的光辉，外观、触感、压手的重量都再好不过，有种高级感，与其他品牌的完全不同。**魅力**：过了几十年，对它们也不曾腻烦，它们既是与Abu Garcia的Ambassadeur卷线器并列享誉世界的日本设计，也是让人想继续溺爱下去的无名用品。

clothes handed down

进公司时也大显其能
祖母、妈妈传给我的
洋装

Aya Okamoto

冈本 彩
BEAMS 涩谷 woman
24岁／千叶县松户市

契机：我经常穿祖母和母亲穿过的洋装。我的体型和妈妈二十年前的体型一样，连裤子都不用修改。
回忆：就职面试时，穿的是祖母镶嵌宝石的毛衣开衫，入职典礼时穿的是FRIL的毛衣、西裤和红色腰带。**生活讲究：**运动。BEAMS篮球社活动也是一大乐趣。休息日基本都去外面玩。和许多人见面、聊天、结缘很开心。

---

hair accessories

能感觉到国外气氛的
颜色鲜艳的
头饰

Yuhka Chishiki

知识 优花
Demi-Luxe BEAMS 横滨
24岁／神奈川县川崎市

契机：在国外时看见当地女孩子佩戴的饰物，觉得很可爱。多为柔色和亮色。**选择方法：**不要太大，亮点在于能够同时佩戴多个头饰。想再多一些装饰时，以及夏天去海边或游泳时，都会佩戴多个头饰。最近很喜欢佩戴前辈送我的新头饰。**生活讲究：**不管是多小的物品，也希望自己能够对它着迷。

PVC figure "sabotendar"
真可爱！
Bullmark 的怪兽系列
仙人球超兽萨博坦德

Hiroshi Kimura

木村 广史
WEB制作部
43岁 / 埼玉县草加市

魅力：在《奥特曼A》登场的仙人掌与刺猬合体的超兽萨博坦德的软胶（模型）。在2010年举办的玩具展卖会中入手。眼睛是星星造型，让人欲罢不能。写实版全身都是尖锐的刺，表情也很阴暗，但软胶版有所变形，刺的手感就像是按摩器，很可爱。**保管方法**：玩具箱。百玩不厌的玩具。**生活讲究**：疼爱孩子，让身体动起来。

necktie collection
唤醒昔时
搭配与回忆的
领带收藏品

Kazuhiko Muto

无藤 和彦
Brilla per il gusto 总监
49岁 / 东京都江东区

契机：所在部门也在销售西服和夹克，每个系列的领带我都会买几条。领带的宽度和衬垫厚度随潮流变化，即便有喜欢的图案，有时也没法佩戴。但能够让我回想起当时的搭配和情境，让人不忍丢弃，不知不觉就攒了两百多条。**保管方法**：绕成一团，当作皮包的内撑。优点是不易产生折痕和褶皱。

beckoning cat
招来一期一会的邂逅
经典 & 衍生的
招财猫收集品

Naoko Kitamura

北村 真子
BEAMS 阿倍野
34岁 / 奈良县奈良市

契机： 几年前在新年去参拜神社时邂逅了常见版的招财猫。因为喜欢猫，被其可爱的造型所吸引了。**中意之物：** 在收集的过程中，对不同造型的意义也产生了兴趣，除了一般的招福猫，现在还收集了粉色的恋爱招福猫、左手版本的招福猫、面向国外的美元猫和LOVE&PEACE猫等，以常滑烧为主，都很稀有。**生活讲究：** 很享受在城市工作时的ON与在乡野生活时的OFF。

my character "B-spo-kun"
运动会的
官方吉祥物
B-spo-kun

Miho Niinauchi

新名内 美保
BEAMS 广岛
28岁 / 广岛县广岛市

契机： 上专职学校时画了头发偏斜的人，结果诞生了这个人物。**回忆：** 在进公司几年后开办的BEAMS运动会上，这个人物被选定为官方吉祥物。名字叫作B-spo-kun。一年后，B-spo-tyan（女版）也诞生了。容易让人误以为是眼镜，其实眼睛周围B形状的黑色部分是他的头发。**生活讲究：** 虽然有些杂乱，但每次有灵感时都能马上找到笔记本和笔，喜欢这样的环境。

goods of Kazuo Umezu

上小学时邂逅
至今一直很喜爱的
楳图一雄的作品

Mina Shibasaki

柴崎 美奈
新业务开发课
27岁 / 东京都世田谷区

契机：小学低年级时，最初在漫画卖场与这位作家邂逅。对小学生来说，也有比较难懂的内容，但我却对楳图先生的漫画着了迷，用零花钱去收集他的漫画，连父母都担心我是中邪了。现在我也依然热爱楳图先生的作品，他是我心灵的支柱。**中意之物：**《红蜻蜓少女》中登场的Tamami，既可怕又可怜和可爱，是我最喜欢的角色！我希望一直跟楳图先生令人忐忑而期待的世界观。

vintage military cap

找寻
时代差异的乐趣
古品美国军帽

Shigeru Kaneko

金子 茂
BEAMS 买手
31岁 / 东京都目黑区

契机：原本就喜欢古着和帽子，因为经常会戴帽子，所以就开始收集了。收集时间大概有八年之久。古品军帽约有十五顶。**魅力：**古品的缝制、质感很好，各个时代布料和用途不同，做工也会有所不同，很有意思。在搭配时起到点缀作用。**生活讲究：**能够投身于自己喜欢的事物中，还有接触自然。

porter novelty goods

以高品质
为魅力的
PORTER 赠品

中村 尚史
B印 YOSHIDA 代官山
38岁 / 东京都目黑区

回忆： 从B印 YOSHIDA代官山店开业我就在这里工作，所以在展会上收到了许多赠品。回想起来，其中许多都是能够传达当时流行及氛围的很有意思的物品。**魅力：** 虽然是赠品，但看到YOSHIDA包的特色贯穿到了各个细节，感受到从20世纪80年代起持续奔跑在一线的公司是多么厉害。物品都很实用。**生活讲究：** 以"人生是零和"为座右铭。

snow bear and cushion

以面对自然的姿态
产生共鸣的
两件物品

山崎 勇次
International Gallery BEAMS 总监
48岁 / 东京都涩谷区

回忆： 北极熊是在伦敦负责NATIONAL GEOGRAPHIC商品的对日推广时看到的。BEAMS特别定制的罗伯特·华纳的靠垫，是罗伯特·华纳继North Beach Leather之后，为树立自己的品牌、重新启航时，因一次邂逅而设计出的物件。纪念他与Dogtown的友人泽弗尔(Zephyr)相遇的美好。
生活讲究： 注重整体协调，注意保持运动风格。

golf gear

让人回想起
南国夏威夷的清风与痛快击球的
夏威夷物品×高尔夫球具

Takashi Kato

加藤 贵志
BEAMS GOLF 小田急Haluku店
38岁／神奈川县川崎市

契机： 以前在夏威夷打高尔夫时，从椰树林立的开球区向湛蓝色夏威夷海痛快击球的记忆在脑中挥之不去……那之后，很希望在日本也能寻觅到那种感觉。**收集之乐：** 之前还提出"能否在产品中加入某些元素？"去定制过想象中的产品，就算被大家嘲笑，能与BEAMS GOLF的商品混搭也让我很开心。有了这些物品，就算在日本也能舒适地打球！虽然成绩没进步，但心情能更好。

okinawa jacket

被与冲绳相关的物品
和fennica的燕子标志
所吸引

Keiko Kitamura

北村 惠子
fennica 总监
53岁／英国伦敦

邂逅： 来往冲绳十八年，伦敦的家中有许多冲绳的物件。这件Tailor TOYO制作的"OKINAWA"古惑仔棒球服也是其一。**中意之物：** 可以两面穿，袖口里还有fennica的标志琉球燕的刺绣。这只燕子是柚木沙弥郎的作品，在空中自由飞舞的姿态很美。**生活讲究：** 与（fennica总监）埃利斯一起，不论是物品还是风格，先去尝试，不怀有偏见。

watch
铭刻回忆的手表
ROLEX OYSTER DATE 与
NON OYSTER PRECISION

Eriko Yasutake

安武 惠理子
Demi-Luxe BEAMS 买手
32岁 / 东京都涩谷区

邂逅： OYSTER DATE是作为30岁的纪念买的第一款古品ROLEX。我那时在寻找一款黑表盘男款手表，终于发现了它，就买下来了。NON OYSTER PRECISION是结婚纪念日丈夫送我的礼物。
魅力： 手工上弦，有古品特有的纤细感，用起来虽不太方便，却有独一无二的情趣，很喜欢。希望能好好保管，和它们一起增长年岁，传给下一代。

denim shorts
从学生时代起就没有变化
充满自我风格的
牛仔短裤

Fumie Nakada

仲田 文惠
BEAMS 池袋
35岁 / 东京都台东区

契机： 不喜欢短裙，所以成了短裤派，上高中时允许穿自己的衣服上学，那时开始对古着有感觉。不知怎么想把在古着店买到的LEVI'S® 501修剪成短裤。能把裤子修剪成自己喜欢的长度，做这件事时很开心，之后每件裤子都会自己修剪。**设计：** 基本喜欢LEVI'S®，有时也会赶时髦，也会喜欢当红的品牌。**重视的时间：** 为了今后也能继续穿这些短裤，开始和丈夫一起去健身啦。

hair accessories

拥有 PLUIE 发簪等百余个发饰

Mayu Hamanaka

滨中 麻由
Ray BEAMS 买手
28岁 / 东京都八王子市

契机： 进公司时我负责头饰这部分商品，想为洋装搭配头饰就开始收集，如今已经收集百余个了。从休闲的款式到正式的搭配，如今仍然在学习的过程中。**中意之物：** PLUIE的发簪除了可以归拢头发，拔下发簪后，头发还可以形成自然的波浪纹，一簪两用，这点很吸引我。**生活讲究：** 即便是没走过的路，也先走走看。喜欢自然，所以常去散步。

the toy train made of the tin plate

历年的变化也别有深意
老式美国白铁皮货运火车模型

Naoki Hanabusa

花房 直树
BEAMS 梅田
40岁 / 大阪府堺市

魅力： 我正在收集20世纪30—50年代的老式美国白铁皮货运火车模型。它制作简洁，让人眼前浮现出当时的情景，久经年月的锈迹也耐人寻味。**生活讲究：** 自己的房间放满了老式美国玩具等喜欢的物品，但在客厅等公共空间，用美国古品玩具混合搭配自己翻新的明治至大正时期的日式家具，营造出安宁的氛围。

Teppei Kaneuji art works
自创艺术品之
始祖
雕刻家・金氏彻平

Maho Imamura

今村 真帆
BEAMS 町田
26岁／神奈川县横滨市

契机： 我是在横滨美术馆的个展上得知金氏彻平这名雕刻家的，之后就对艺术产生了兴趣。中学时起，受朋友委托，用线绳制作了欢迎看板和镜框，我觉得当时就受到了金氏的构思与配色的影响。**现在：** 这些年开始在白底上着色，也在制作使用荧光颜料和刺绣线的线绳艺术品。**生活讲究：** 认识到"自己感受到什么，想让别人感受到什么"。

goods of Osaka Banpaku
激起对未知世界
好奇心的
大阪世博会纪念品

Yuki Hamanishi

滨西 优希
BEAMS BOY 梅田
36岁／兵库县尼崎市

契机： 原本只是对自己出生前举办的大阪世博会感兴趣才去调查，却一下子入了迷。**回忆：** 初次看见太阳塔是上中学的时候，痴迷于其美轮美奂的造型。现在我也很喜欢去看太阳塔，近几年圣诞节期间举办illuminight（光线投影）活动时，我肯定会去看。**生活讲究：** 以自然的木材和时尚的客厅为基础，努力只让自己喜爱的东西围绕在身边。

lucha libre goods

喜欢套头面具！
墨西哥的
职业摔跤相关商品

Keisuke Fujita

藤田 桂介
BEAMS House 六本木
40岁 / 东京都多摩市

魅力： 被赛场的整体氛围和墨西哥人的善良性格吸引，喜欢上了套头面具（墨西哥职业摔跤比赛用）。**中意之物：** "白银之陨石弹" Super Astro 的面具是在 Astro 经营的 Torta 店里，他本人送给我的。在日本新春重量级对战中夺冠的"阿卡普尔科的青翼"Lizmark 的面具也是从他本人手中买到的。**回忆：** 想去现场看摔跤，新婚旅行就去了墨西哥，感谢妻子。**生活讲究：** 交给妻子打理，不会指手画脚。

beige shoes

比起形状和种类
更讲究颜色的
米黄色鞋子

Daisuke Murayama

村山 大介
BEAMS 新宿
32岁 / 东京都世田谷区

魅力： 见到质感好又是磨砂面的米黄色鞋子，不知不觉就会入手。我不穿正装皮鞋，颜色有气质的鞋子是没气质的我的必备之物。**保管方法：** 堆在走廊里，光是米黄色的鞋子就堆成山了。不知不觉中家里的鞋柜已经被相同颜色的鞋子占领了。**中意之物：** TIMBERLAND 6inch PREMIUM BOOT，雨天也好穿。**生活讲究：** 笑容就是活力。重视微笑和交谈。

aromatherapy goods

不只是心情
让身体也能得到调理的
香薰疗法

Aya Katayama

片山 彩
Ray BEAMS 池袋
25岁 / 东京都台东区

契机：上中学时想让自己的房间有香气，才开始香薰。痴迷其魅力，大学时就考取了香薰师证书。**目的：**想转换心情时，感冒身体不舒服时，要消除腿部水肿时，总是依靠香薰疗法。想振奋起来时用柑橘系，想冷静下来时推荐用树木系的香料。**生活讲究：**不让疲劳累积下来。早上起床时和晚上睡觉前做瑜伽促进代谢。

swim wear

被大海所吸引
开始收集
泳装

Asuka Itou

伊藤 明日香
B:MING LIFE STORE by BEAMS
COCOON CITY店
30岁 / 东京都北区

契机：进入社会之后，受到爱冲浪的同事和前辈的影响，五年前开始慢慢接触冲浪运动。不知不觉泳装也多了，每年一定会添购某个品牌的泳装。我最喜欢流行色和抹胸款式的泳装。**魅力：**如今，只要感受到"海"，就能让我觉得幸福，不分季节都会去海边。**生活讲究：**喜欢海，所以会在自己家听夏威夷风情的音乐，心血来潮的话，就去海边转换心情。

alice in wonderland goods

缅忆
《爱丽丝梦游仙境》里
长大成人的爱丽丝

Yuu Shimazu

岛津 悠
International Gallery BEAMS
28岁／东京都西东京市

魅力：其实我并没有读过刘易斯·卡罗尔(Lewis Carroll)的《爱丽丝梦游仙境》，但幼时看过的绘本印象很深刻，爱丽丝成了一个时尚的符号。我边想象"长大成人的爱丽丝会穿什么样的洋装"，边将里面的元素加入到自己的服饰中。**中意之物**：灯笼袖、蓬蓬裙、蝴蝶结、蕾丝、扑克牌、钟表等，不知不觉买来的这些物品，似乎都与仙境相关。

aloha shirt

喜欢 50 年代
夏威夷衫配
大背头的风格

Dai Hirose

广濑 大
BEAMS 神户
28岁／兵库县神户市

契机：对20世纪50年代感兴趣，很向往猫王和以前的爵士时尚，不知不觉每年都会买夏威夷衫。在BEAMS RECORDS发售了Deep Funk专辑的科比·达尔戈(Keb Darge)穿的夏威夷衫很酷，印象深刻。**造型**：发型一定要大背头，穿夏威夷衫，衣兜里再常备一把梳子就完美了！**生活讲究**：重视市井交流。休息日常去商店和人交谈，乐于去挖掘生活方式。

food motif items

以食物为原型的
物品
让你变身为焦点

Tsubasa Misumi

三角 翼
BEAMS street 梅田
22岁／大阪府枚方市

契机： 3岁时祖父送我一块食物形状的橡皮，就开始收集以食物为原型的物品了。**中意之物：** 两年前买的西瓜泳装，不是我的决胜内衣，而是决胜泳衣。搭配的小包是盐罐。很喜欢穿戴这些服饰的自己。肉纹袜子在公司活动时，和黑色针织衫搭配，像围巾那样围在脖子上，成了焦点。一眼看中的寿司纹的化妆包也很可爱，我总是出神地盯着它看。

a card case

多年爱用的
BEAMS PLUS 的
名片夹

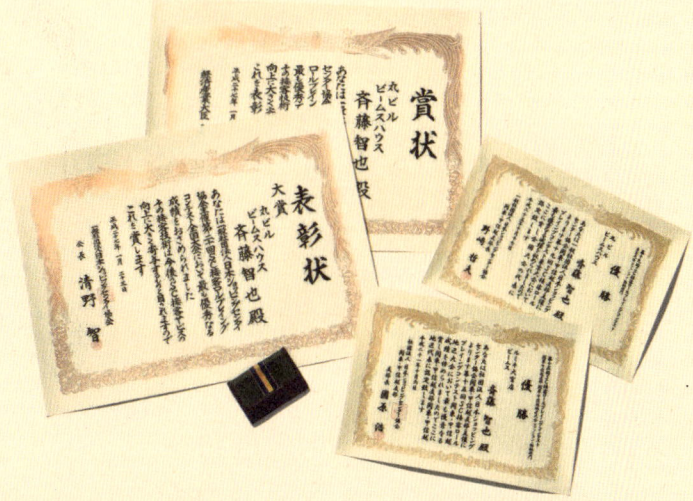

Tomoya Saito

齐藤 智也
BEAMS House 丸之内
43岁／埼玉县埼玉市

回忆： 参加"第二十届SC模拟接待客户竞赛"时，为了像平时在卖场工作时那般自然，我把平时一直带在身上的名片夹藏在了内兜里。在舞台上几乎没有拿出名片夹的机会，但我和平时一样接待客人，获得了比赛的冠军。虽然已年代久远，但我从刚进公司的时候起，就一直使用这个名片夹。**生活讲究：** 休息日睡个午觉之类的，悠闲度过。

travel around the U.S.A.
三十天环美一周
参观了常春藤八所盟校
旅途纪念

Keita Kobayashi

小林 景太
BEAMS 新丸之内
25岁／东京都板桥区

回忆：环美国一周，即使在美国当地，也被称为"不知是否可以实现的一生一次的梦想"，我开车用三十天实现了。用线连接起去过地点的地图和参观常春藤八所盟校时在学校购买的旗子都是宝物。只在达特茅斯学院没有在正规的地方购买，不知买到的是不是赝品，但也是个很好的纪念。**生活讲究：**有美国、北欧、日本的物品，风格各不相同，但身边环绕着自己喜欢的东西，每天就会很开心。

studs item
中学时邂逅的
朋克风中不可或缺的
装饰铆钉

Ayako Yamamoto

山本 绫子
制作部
30岁／东京都目黑区

契机：因为喜欢朋克＆新浪潮，所以从上中学时起，铆钉服饰就是必备品。从音乐开始，之后喜欢上与其相关的服饰，这就是我形成自己时尚的途径。**魅力：**benjamin 的铆钉芭蕾舞鞋，我被它那种反叛的帅气所吸引，每季都会购买。**生活讲究：**注重在衣食住中不随波逐流，全部坚持自己的风格。

pottery from all over the world
旅途中邂逅的
世界各地
多种多样的陶器

Toshihiro Yasutake

安武 俊宏
媒体运营
30岁 / 东京都涩谷区

回忆：十几岁时初次独自海外旅行时去了越南，以此为开端，之后还去了柏林和摩洛哥等地，这些是在世界各地巡游之际打包带回来的。**中意之物：**亚当·西尔弗曼（Adam Silverman）的灯罩是旅行时看到的，怕摔坏了就没买。回国后，BEAMS刚巧采买了这件商品，我等了几个月买下来了，很喜欢。**生活讲究：**生活中，身边环绕着喜欢的东西和喜欢的人。买东西不会凑合。

football uniform
让我回忆起
高中三年苦乐时光的
球衣

Kouki Hara

原 公基
B印 YOSHIDA 代官山
23岁 / 东京都世田谷区

邂逅：若没有参加足球社团时发的球衣，就没法讲述自己的高中足球生活。**回忆：**三年的宿舍生活，都是自己清洗，穿着这件球衣，真的非常喜欢。在全国大赛时虽穿的是其他球衣，但平日训练和比赛时穿它穿了几百次。**魅力：**如今也在踢足球赛时穿着，心情真的会变好（笑）。因为这件球衣，我很喜欢"77"。

vintage apron

看着古品围裙
感觉就像
正在看着某人的人生

Haruki Tsujimura

辻村 春树
BEAMS 阿倍野
38岁／兵库县神户市

契机： 收集古品牛仔围裙，是因为对古品围裙的细节着迷。虽然不常见，但古着店经常买来缝补衣服用，我让店家转让给我，不知不觉已经收集了各种布料的围裙。最喜欢的是牛仔围裙。佩戴者不同，褪色的部分也各有独特之处。每件围裙都有不同的样子，就像看到了那个人的人生，觉得很有趣。**保管方法：** 买来那天就挂在最显眼的架子上。

tube amp

别人转让的
手工真空管扩音器与
自己制作的音响系统

Manabu Kawasaki

川崎 学
BEAMS 横滨
36岁／神奈川县藤泽市

契机： 得到手工真空管扩音器之后，我开始看自制音响的书，按照学习、摸索出的设计图组装起了大型音响。**最幸福时刻：** 一般成品所不具有的、木质发出的温厚之音与只有DIY才能品味到的热爱，为我构建出了一个极美的空间。**生活讲究：** 音乐常伴左右！连孩子的名字里也带"音"字。客厅里摆放着自制的音响，厨房里有小型的音响组合，自己的卧室里有DJ设备。

skateboards, shoes and socks

让我三个月遍体鳞伤作为送行礼物的滑板

Takafumi Nakata

仲田 岳文
BEAMS street 梅田
39岁／大阪府大阪市

契机：上小学时与滑板邂逅，PENNY流行两年前又迷上了滑板。今年春天调职时，员工们送我这件礼物，那之后每周会练习四到五天。**中意之物**：刚三个月，但已经遍体鳞伤了。许多人教我，现在能做出尖翻动作了。鞋子是NIKE和EMERICA，袜子是圈内人都知道的COVET SOCKS，即使是磨破的部分也很喜欢。

my favorite dresses

让我爱到夜不能寐的连衣裙

Mika Ohba

大场 美佳
International Gallery BEAMS
25岁／千叶县千叶市

魅力：在Vermeerist BEAMS邂逅的三件裙装。左起是有可爱裙褶的DAGDA，民族风情的礼服裙和使用蕾丝的成熟短裙都是MANISH ARORA的。每件都让我魂牵梦绕，即使如今已收在衣柜，也还是同样喜爱。无论是特别的日子还是平时，珍藏的衣服都不可或缺。**生活讲究**：穿爱穿的衣服，看爱看的东西，吃爱吃的食物。随心所欲地生活。

hand loomed fabric

感受日本和世界各地风土魅力的手工织布

Keiko Kamide

上出 惠子

儿童 BEAMS
39岁／东京都千代田区

收集方法：在包括日本在内的各个地方购买。旅行时，也会去卖布的市场、跳蚤市场和纺织的地方。**魅力**：喜欢那片土地的材料，那片土地的人手工制作的布帛。色彩与材料、图案的组合、刺绣与针脚体现出布匹的个性，将惜物之心传达给人们，温暖心灵，令我着迷。**乐趣**：旅途中，喜欢到街区、市场去看当地人穿的衣服。

Michael Jordan goods

改变人生的各种迈克尔·乔丹的服饰

Shinya Inada

稻田 真也

BEAMS 新宿
28岁／东京都涩谷区

邂逅：之前完全对篮球没有兴趣的我，初三时在电视上看MJ的比赛，开始对篮球产生兴趣。**回忆**：高三时参加了由MJ主持、在圣芭芭拉举办的夏令营。那是第一次海外旅行，亲眼见到了MJ，我拼命用自己会的英语与他交流，真是最棒的经历。**中意之物**：有MJ亲笔签名的AIR JORDAN 1，黑色配红色是强者的象征！这是我想带进棺材的珍品。

bassoon

演奏时一直使用的
低音管
音色温暖有魅力

Kouki Nagasawa

长泽 皓树
BEAMS LIGHTS 涩谷
24岁 / 东京都西东京市

契机：高中时在吹奏乐社团，上音乐大学时也一直在吹奏低音管。**魅力**：虽然器形不大，但它的音色很温稳，与外表不同。演奏过《哆啦A梦》和《漫画日本老故事》的插曲，出乎意料是很亲民的乐器。**生活讲究**：经常听音乐。将自己的感情附着在音乐上，以此让自己每天开心。与音大的同学一起合奏，也是非常重要的时光。

comme des garçons goods

"矛盾"而"奢侈"
装不下任何东西的
小包

Hiromi Ino

伊野 宏美
BEAMS BOY 买手
27岁 / 东京都丰岛区

魅力：我在收集以COMME des GARÇON为主、不知用来装什么好的小包。虽然装东西本是包的功能，但外形小这个"矛盾"，与高品质的略"奢侈"做工是其亮点。**中意之物**：外出时带两个小包。那种边舍取衡量边往包里装东西的快感让我欲罢不能。**契机**：某天突然想到"能干的女人背小包"这句话。
生活讲究：大吃特吃。

dragon ball goods

注重表现
画工、质感的
《七龙珠》

Takashi Ueno

上野 贵司
B:MING LIFE STORE by BEAMS
Lalaport与TOKYO-BAY店
28岁/千叶县八代千市

中意之物：从小到大一直未改变，现在也很喜欢。限量版DVD两张合辑花了二十万日元。上高中时有一种"自己必须要买下来"的使命感，为此才开始打工的。**魅力**：不仅是画功，质感也很好，尤其是看到机械系的画面，让我切实感受到鸟山老师的过人之处。说实话，对他的崇拜难以言表！**生活讲究**：早上出门要打招呼说"我出去啦"，对人温和，心怀谢意。上班路上听午夜广播的录音。

punk music goods

重视与
LIVE 上邂逅的人的羁绊
朋克音乐相关物品

Mari Kubota

久保田 麻里
BEAMS OUTLET 阿见
32岁/茨城县霞浦市

契机：上中学时由于Hi-STANDARD而痴迷朋克音乐，如今听的音乐范围很广，有旋律硬核、硬核、SKA、爱尔兰朋克等。**回忆**：身边的朋友很多都喜欢朋克，上高中和大学时乘电车去东京看演唱会，车票花了近三千日元。在那里结识的朋友如今关系也很好。The Addicts和Asta Kask来日本举办演唱会的情景也难以忘怀。**生活讲究**：经常保持微笑，珍惜身边的人。

tassel garland

自由编织
为朋友做的
流苏挂饰

西口 爱李
BEAMS street 横滨
24岁／神奈川县横滨市

契机： 住在澳大利亚时，看到用纸做成的流苏挂饰，被其吸引。**乐趣：** 与朋友的性格和房间的氛围相结合，组合不同材料的毛线，还能制作出彩色或古典风格的挂饰。**魅力：** 毛线材料和色彩的组合可以表达出自己的个性，让自己心情雀跃。**生活讲究：** 房间色彩缤纷，让人联想到国外的儿童房。

Yoshihiro Tatsuki & Nampei Akaki photographic works

在艺术展上因工作认识的
有魅力的摄影师们
立木义浩和赤木楠平的摄影作品

定冈 仁
B GALLERY
27岁／东京都中野区

邂逅： 立木义浩2014年10月在B GALLERY开办了摄影展。展览期间一直折服于立木老师的活力。这张照片是从当时同时发售的摄影集中订购、镶框的。赤木楠平同年6月开办摄影展。我很喜欢其中那些有缺陷感的混沌的作品，不过也有让人眼前一亮的美丽作品，都让我神魂颠倒。**生活讲究：** 不会贪心地独享快乐，会与人分享。

forty percents against rights items

90年代再度燃烧
40% AGAINST RIGHTS 的
插画系列服饰

Naohide Uno

宇野 直秀
在线商店
35岁／千叶县柏市

契机： 高中时是"里原宿"的全盛期，这个品牌对我来说是个特殊的存在。不仅服饰很酷，在特定商店销售和不定期发售的方式也很吸引人。当时埋头于足球社团的练习，也没去打工，钱只够买T恤。在那个时代，买件他家的T恤都要排队。**邂逅：** 其实曾一度放手，但几年前在古着店看到，感情再次燃烧起来。拿到手上时的感动不减当年。

Suehiro Tanemura

给我的思想和文章
极大影响的
种村季弘的著作

Kenichi Aono

青野 贤一
BEAMS创作研究所 创意总监／
BEAMS RECORDS 总监
47岁／东京都目黑区

魅力： 德国文学研究者种村季弘是个博闻强识之人，从翻译，到吸血鬼、怪物等异类文学，到风格主义、达达主义和魔幻现实主义等艺术，再到小说、电影、食物、温泉等大众文化，他都有自己的见解。给了我很大的影响。**关于收集：** 长大之后，重新买了单行本（初版，上学时买的文库版），现在几乎所有书都有了，装帧和插画也很精美。**生活讲究：** 喜欢的东西会很喜欢，不想要觉得一般的东西。

white dunk exhibition

生日时得到的 WHITE DUNK 展上的样品和设计稿

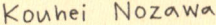

Kouhei Nozawa

野泽 康平
BEAMS LUGGAGE 轻井泽
31岁／长野县佐久市

契机：喜欢篮球，上职业学校时去参观WHITE DUNK的展会（艺术家们以NIKE的白色DUNK板鞋为原型，制作艺术品）。**邂逅**：20岁出头大家都在狂热地聊运动鞋和古着，找工作时来到群马县桐生市，在那里认识的一位前辈，把WHITE DUNK展上展示的样品和参展艺术家的笔记、设计稿等作为生日礼物送给了我！毫无疑问是传家宝。**生活讲究**：正在努力收集信息，希望自己的兴趣多元化。

UMCO's tackle box and lures

千辛万苦得到的 UMCO 的钓具盒和不断增加的鱼钩

Shinji Fujii

藤井 伸治
BEAMS 广岛
34岁／广岛县广岛市

契机：五年前真正开始钓黑鲈鱼，收集鱼钩和钓具。找好看的钓具箱时知道了UMCO这个品牌，但因为厂家在20世纪80年代中期就没有了，费很大力气才找到。每周去一次堤坝、河或野湖钓黑鲈鱼，很开心。**中意之物**：连箱子里装不下的算在内一共有两百多枚鱼钩。喜欢的鱼钩是HI-FIN的Creeper。想再添个UMCO的钓具箱。

one-piece & bracelet
20 岁时所憧憬的 HENRY BEGUELIN 的鞣皮连衣裙和 KAZUKO 的手链

Mayumi Yoneyama

米山 真弓
Women's Dress 总监
43 岁 / 神奈川县逗子市

契机：都是 20 多岁时在以前工作的店里买的。这对当时的我来说价格很贵，但这些是我喜欢的买手经常购买的品牌，我被其吸引，就买下来了。**邂逅**：Kazuko 的手链，每条手链的石头排列和形态都不同，那时我一直在寻找有感觉的那一条。这条手链中有很多我喜欢的蓝色系石头，看到那一瞬间就决定买下了。**生活讲究**：工作与生活要有张有弛，收放自如。

vintage denim "levi's 701"
来者不拒 不同尺寸和颜色的古品牛仔裤

Kurumi Mitani

三谷 久留美
BEAMS 神户
34 岁 / 兵库县神户市

魅力：701 款，作为女款 501xx 生产，在某部电影中玛丽莲·梦露曾穿过，很有名。与 BEAMS BOY "女性化地演绎男性服饰" 这一概念有互通之处，特点是高腰和臀部线条。**座右铭**：公司的老前辈对我说过 "遇到古品，买下就对了"，我想恪守这句话。**生活讲究**：食器柜是明治时期的书架，电脑桌是 MOUNTAIN RESEARCH，选择器具时不拘于时代和用途。

band t-shirt

以八九十年代朋克乐队为中心的乐队T恤

Ten Kobayashi

小林 天
BEAMS 新宿
31岁/神奈川县川崎市

收集方法： 上学时就喜欢音乐，逛古着店时一件件攒下来的。特别留意收集的是20世纪80年代英国朋克、新浪潮和另类摇滚乐队的T恤。**魅力：** 也有穿在身上紧绷绷的T恤，但还是不愿放手。**中意之物：** 偶然间在旧货店发现的SID&NANCY的旧T恤。**生活讲究：** 被自己喜欢的物品和感兴趣的物品所环绕，把它们放在伸手就能够到的地方。

---

pink items

受父母影响小时起就喜欢纯粉色

Mayuko Kuniyoshi

国吉 麻由子
BEAMS 吉祥寺
31岁/东京都世田谷区

契机： 小时候，父母有意让我身边都是粉色系物品，而妹妹是蓝色系。由于这个影响，我一看到喜欢的粉色东西就会买下来。**中意之物：** 收集了各种粉色的repetto芭蕾舞鞋。 连冲浪板也是粉色，在海里也能更开心。**生活讲究：** 早起，休息日也不会懒散地睡觉。会平衡外出与在家、在外用餐与自己下厨的时间，不会勉强自己。

climbing items

陪我共同登山
设计也有讲究的
登山用品

Yayoi Ogawa

小川 弥生
物流部
24岁 / 东京都町田市

收集： 从开始收集已经八年了，基本是登山鞋类。能够感受到自己至今为止的历史，即便穿不了也不舍得扔。用胶修复破洞，或是在上面涂鸦做标记，或是按需使用，一直到把鞋子穿破。**回忆：** 在东京国家体育馆获得冠军。最近的比赛，会穿黄色和黑色这两双鞋去参赛。**生活讲究：** 早起有效地利用时间，尽情登山，尽情游玩。

vintage clip

美国传统的
20 世纪 40—60 年代的
古品领带夹

Shinnosuke Hasebe

长谷部 慎之介
BEAMS PLUS 原宿
40岁 / 东京都练马区

契机： 几年前去美国东海岸出差时，在缅因州的古董店看到，那之后就在古董市场、古董店和拍卖中收集。**魅力：** 很多领带夹都有装饰性的图案，但没有简洁而吸引我的款式。外观好看、性价比高的话，我就会当即买下。**中意之物：** 虽然也有 ANSON 和 HICKOK，但我喜欢的是 SWANK。**生活讲究：** 为了充实 ON（工作），更要充分 OFF（娱乐、休息、家庭）。

music festival wristband

估计超过一百场
音乐节的
入场手环

Takazumi Chiba

千叶 敬济
在线商店
30岁 / 东京都涩谷区

回忆：之前参加的音乐节，入场手环都没扔，收集了大概一百个。偶尔看到，或是想起当时的情景，或是让下一次去听音乐节的情绪更高涨（笑）。**中意之物**：AIR JAM 2012（Hi-STANDARD主办的户外音乐节）。在当地（宫城县）现场看到曾为之奉献出青春的Hi-STANDARD，那种感动难以忘怀。
生活讲究：NO BEER NO LIFE。关于房间，把许多户外用品直接在室内使用了。

motor cycle

历经四十年光阴的
与我共赴崎岖的伙伴
摩托车

Kazuki Yamagata

山形 和贵
BEAMS JAPAN
28岁 / 东京都目黑区

魅力：目前拥有的CB是20世纪70年代时HONDA面向海外市场生产的摩托车。我的K1是从美国出口转内销回来的车，一想起它之前曾经在美国驰骋，就感觉很不可思议。**回忆**：真的不像四十多年前的车，行驶状况很好。骑这辆车去了许多地方，这是我最好的回忆。**生活讲究**：和十几岁时一样，骑摩托，和朋友一起玩滑板，珍惜休息的时光。

room shoes

"想成为适合穿它的人"
逞强买的
家居鞋

Masato Itou

伊藤 雅人
BEAMS LIGHTS 买手
38岁／东京都世田谷区

契机：刚进BEAMS时是十六年前，那时下决心"成为能适合这些鞋的大人"。当时前辈给我讲"查尔斯王子给戴安娜王妃买鞋……"这些逸事，可比起这些，我更为其集优雅和幽默为一体的气场所震惊！**目标**：我负责的BEAMS LIGHTS也在实施，我计划在花甲时订做一双红色的（笑）。**保管方法**：放在特别定制的鞋架上，搭配鞋撑。每个月刷一次。**生活讲究**：Wit&humor。

---

jacket and slip on

人生第一套
全定制西装
让我情有独钟

Kyozo Takami

高见 京三
主管
49岁／兵库县神户市

契机：20世纪90年代后期，我通过BRUTUS上加藤和彦的连载专栏了解到全定制西装。**回忆**：2000年第一次定制的是FALLAN&HARVEY的人字纹休闲西装。对细节和布料，按当时专栏中原样定制而成。还有一件Anthony Cleverley的DE REDE。这两件都有永恒经典之处，让人不觉过时，我很喜欢。

wine

与食物搭配
每天晚上品尝的
葡萄酒

Shuhei Nishiguchi

西口 修平
BEAMS F 总监
37岁 / 东京都府中市

契机：十年前和客户吃饭时品尝到了葡萄酒的美味，几乎每晚都要小酌。特殊的日子会稍微奢侈一下，平时大都喝比较便宜的。**中意之物：**最喜欢的红酒是Sassicaia2007（还有2006年结婚那年的陈酿），最喜欢的白酒是Pahlmeyer Chardonnay2008，最喜欢的起泡酒是去意大利出差时在餐厅喝的Ca'del Bosco Franciacorta。**生活讲究：**自然不强求，过适合自己的生活。

teaching materials

烹饪练习时的笔记
让我习得
创作和品尝的喜悦

Akiko Ikemoto

池本 亚希子
Demi-Luxe BEAMS 日本桥
28岁 / 东京都江东区

回忆：大学时每周有两次烹饪练习。笔记本右边是笔记栏，记录了让食材更美味的要点和老师教的生活常识等菜谱以外的信息。最近电饭煲坏了，看这本笔记，边学习大米的吸水率和烹饪步骤，边用锅煮饭，煮出的米饭更加美味。**生活讲究：**无论因为工作多晚回家，都要和男友一起吃饭。

french handkerchief

用细致手工
打动人心的
法国手帕

Kokoro Tanaka

田中 心
制作部
30岁 / 东京都涩谷区

中意之物：在古着店买到的。这些靛蓝色的错综格纹有着微妙的不同。或是系在脖子上，或是随意放在衣兜里。**魅力：**应该是20世纪初的商品，原始的刺绣和手工缝边处理……真的让我欲罢不能。**生活讲究：**不买"差不多"的东西，仔细考虑之后才买。好东西想尽量穿长久、用长久，所以购买时不会敷衍。

---

folk art of tohoku

令人心情平和
形态与表情独具魅力的
东北民艺品

Shiori Tarukawa

樽川 诗织
BEAMS 仙台
28岁 / 宫城县仙台市

魅力：可爱的表情和圆润的轮廓，只看着就让人心情平和。越是了解那片土地的历史背景，就越是对它们痴迷，尤其是直接去听手艺人讲述，得到的物件更觉珍贵。**中意之物：**很喜欢自己亲手画的福岛的红牛。绿色的是会津的野泽民艺与仙台的商店合作的商品。它将我的故乡福岛与生活了十多年的仙台联系在一起，一想到这个我就十分开心。

star wars goods
让父子都痴迷的世界著名电影《星球大战》的周边

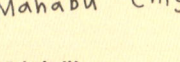

千木良 学
促销企划部
37岁 / 东京都江东区

契机： 从孩童时期就一直喜欢《星球大战》(Star Wars)。儿子也很喜欢，自己也像着了迷一样，重新燃起了热情。除了手办，还收集了各种物品。**中意之物：** 达斯·维德（Darth Vader）光剑形状的雨伞。伞柄的地方也像维德的剑柄那样，让人说不出的情绪高涨。**生活讲究：** 以爱子为中心的生活。内饰和服饰用品的选择，都重视孩子的感觉。

glass
让洋装的世界观更上一层各种凸显自我风格的眼镜

前田 太志
媒体运营
31岁 / 埼玉县川口市

契机： 从上大学时开始喜欢戴眼镜，眼镜已经成为服饰中不可或缺之物了。顺便说一句，我视力2.0呢（笑）。**中意之物：** 喜欢美式传统感觉的半框眼镜和惠灵顿型眼镜，但最近觉得细框德系品牌的形状也很新鲜。**推荐：** MOSCOT、ayame是最近尤其喜欢的品牌。**生活讲究：** 我的东西很多，打工时造就的储存技能可以派上用场。

my portraits of women wearing a gym uniform

拍摄 250 名
身着体操服女性的
珍贵人物肖像作品

Kumiko Takaki

高木 公美子
在线商店
26岁 / 东京都世田谷区

契机： 前年十二月，为了交毕业设计的作业，用一个月时间对250名5岁到85岁身着体操服的女性进行了拍摄。在涩谷站邀请大家参与摄影，在寒冷的室外和电梯中拍摄，条件很苛刻，但在模特们的鼓励下，我完成了这次拍摄。**开心的事：** 首次参与六本木art night2015公开作品征集时，通过了最终选拔。今后希望能形成一个系列。**生活讲究：** 与喜欢的人一起生活，不虚度光阴。

bill wall leather

充满创作精神的
至高无上的珠宝
BILL WALL LEATHER 的饰品

Ryuji Washio

鹫尾 龙志
新事业开发课
39岁 / 埼玉县越谷市

收集历史： 从十六七岁开始收集，已经有大概二十年了。数量不少，没有数过。**爱用品：** 这些是从至今为止收集的饰品中挑选出来的。还有设计师本人送给我的。**生活讲究：** 重视工作和私生活的平衡。尽量不让房间变成某某流派的风格，保持品位不偏离。还有，我的东西很多，会随时收拾。

old film cameras
祖父传给我的
老一辈的
胶片相机

Aya Satake

佐竹 彩
媒体运营
25岁／东京都目黑区

契机：这些胶片相机是高三时祖父送给我的。我只用过一次性的胶片相机，这些相机对我来说很珍奇。
回忆：自从得到这些相机，我对摄影产生了兴趣，大学时参加了摄影社团。虽然没什么才能（笑），但我喜欢在暗室洗照片的工作。**将来的梦想：**希望能住进大房子，在自家建一间暗室。虽然没地方会刊登我的作品了，但我如今也会时常拿出照相机，按照自己的喜好拍照。

Kasekicider's item
在广岛店也有活动！
从高中就是粉丝
与加藤丈文相关的物品

Miwa Hanaoka

花冈 美和
BEAMS 广岛
36岁／广岛县广岛市

契机：从高中时就很喜欢他，看到他的复出演唱会，就更喜欢他了，只要我能去的演唱会基本全都去看了。**最幸福时刻：**去年，安斋肇和加藤丈文在广岛店举办了 Anzai CIDER 活动，就像做梦一样。加藤也说，这是蒙娜丽莎黑板画艺术的最高杰作！手工印刷的 hagutonT 恤也是纪念品之一。**生活讲究：**有250双鞋子，堆满了一面墙。

miniature food samples

以小而可爱
细节精巧为魅力的
食物迷你模型

Aiko Hiromachi

广町 爱子

在线商店
34岁/东京都葛饰区

契机：从小就喜欢扭蛋玩具和迷你模型，特别是上大学时开始收集甜品的玩具。**魅力**：造型小巧这点就很可爱了，食物系列的配色和精致的细节让人欲罢不能，我就是被这些所吸引的。**中意之物**：盒装Mini Sweets系列。美式感觉很可爱，只观看就觉得很激动。**保存方法**：基本都是密封保存。想摆放的话一定会买两套，一套"开封"，一套"保存"。

diving tools

因小小契机
让我如今深爱大海的
潜水装备

Shunta Sakamoto

坂本 俊太

BEAMS OUTLET 阿见
25岁/茨城县取手市

回忆：大学时就加入了潜水·滑雪社团。我曾经是滑雪那一派，但大家潜水时自己在岸边等太孤单了，所以大四时考取了潜水证。为了这套潜水设备，我在大学大约欠了四十万日元的贷款（苦笑）。**中意之物**：呼吸器与救生队用的一样，喜欢它柔软轻便的设计。**生活讲究**：没用的东西马上就处理掉。一直派不上用场，物品就太可怜了，所以我会送给使用它的人。

Yoko Kawamoto "Untitled"(2001)
让我回归原点的
命运之画
川元阳子的绘画作品

Shuji Nagai

永井 秀二
TOKYO CULTUART by
BEAMS 总监
52岁 / 神奈川县茅崎市

邂逅： 2002年她在东京都内开办个展，我在个展上买下了这件作品。这件描绘在城市公园里埋头攀岩的人的作品，与当时正在过着不健康生活的自己的理想相互重合，我仿佛被其吸引了。**魅力：** 也见过许多次川元本人，我感觉，她是一位信念专一、准备用一生去描绘作品的优秀画家。**保存方法：** 挂在自家楼梯旁。**生活讲究：** 布置出家人舒适生活的空间。

nike sockdart
在执念下收集的
特色运动鞋
NIKE SOCKDART

Shingo arai

新井 伸吾
BEAMS T 原宿
35岁 / 神奈川县川崎市

痛苦的回忆： 2004年发售的原创品，日本国内只有BEAMS NEWS在销售，很难买到！当时，没集齐全款&没买到自己的鞋码，让我萌发了强烈的执念。**开心的回忆：** 2015年出了令人期待的复刻版。还是很难买到，但想到"不想输""不愿再重复之前的痛苦"，购买的决心异常坚定，终于集齐了全款。
生活讲究： 能装下很多鞋盒&可以按品牌和款式分类的鞋架。

12inch records

从 10 多岁开始收集的 Hip-Hop 12 英寸唱片

Kousuke Yamaguchi

山口 幸祐
BEAMS 神户
23 岁 / 大阪府大阪市

回忆： 从十几岁时开始收集以 Hip-Hop 为中心的 12 英寸唱片。开始收集的时候恰逢从模拟声向数码声的过渡期。在那个时代，如今卖得很贵的唱片都很便宜。现在在考虑自家空间的基础上，有节制地收集。**保管方法：** 在泡沫塑料块上边搭木板。优点是比置物架便宜，而且可以根据房间大小调整木板的尺寸。**生活讲究：** 每个讲究都有其存在的理由。

lacrosse equipment

让我遇到了一生的死党 上大学时热衷的 曲棍球与相关装备

Sachiko Imai

今井 佐智子
BEAMS OUTLET 南町田
31 岁 / 神奈川县相模原市

回忆： 上大学时一直打曲棍球。训练虽艰苦，但获得了日本学生赛第一名，那是最美好的回忆。通过比赛结识了一生的死党。**魅力：** 十一人进行的比赛，就像冰球的陆地版。带着球走几步都可以，通过离心力保持球不掉落才能得分。比赛就像是陆上格斗一样，很有魅力。**生活讲究：** 我生长在植物比较多的地区，也许是受这个影响，会定期栽种当季的花草。感受植物的颜色和香气，度过充实的每一天。

animal leather foot stool

独特动物造型的 OMERSA 脚凳

Kenji Yokomizo

横沟 贤史
主管
38岁 / 神奈川县川崎市

中意之物：英国的皮革厂商OMERSA的动物造型脚凳。1927年在伦敦的老牌商场Liberty发售，之后在Abercrombie&Fitch展示，也很知名。除了象和犀牛，还有各种动物，让人禁不住想收集。价格很贵，不太买得起，但正在寻找便宜一些的。**魅力**：使用高品质的天然皮革手工制作，古品更加耐人寻味。

Osamu Matsuzaki's urushi ware

具有温度的 松崎修的 木质漆器作品

Sachiko Aida

相田 祥子
BEAMS House 六本木
36岁 / 神奈川县横滨市

契机：松崎修的木质漆器作品在益子地区小有名气。我们原本就是朋友，所以一件件收集起来。**魅力**：用木块挖空制作器物，然后重复多次上漆。器形可爱而有温度，我每天都在用。很喜欢勺子。就算是罐装咖喱，用这把勺子就会更好吃！**保管方法**：不仅要收在橱柜里，还会用来装饰客厅，用小盘收纳首饰。

curvaceous items

尤其钟爱
女性身体那种
诱人的曲线

不知不觉间，设乐社长身边全都是曲线造型的物品了。从插画到汽车，无论是材料还是器物全都惊人地一致。但他不是钻牛角尖的恋物癖，放松时会得意一笑说："很有BEAMS的风格吧。"

1

2

3

Yo Shitara

设乐 洋
BEAMS 董事长
64岁 / 东京都目黑区

4

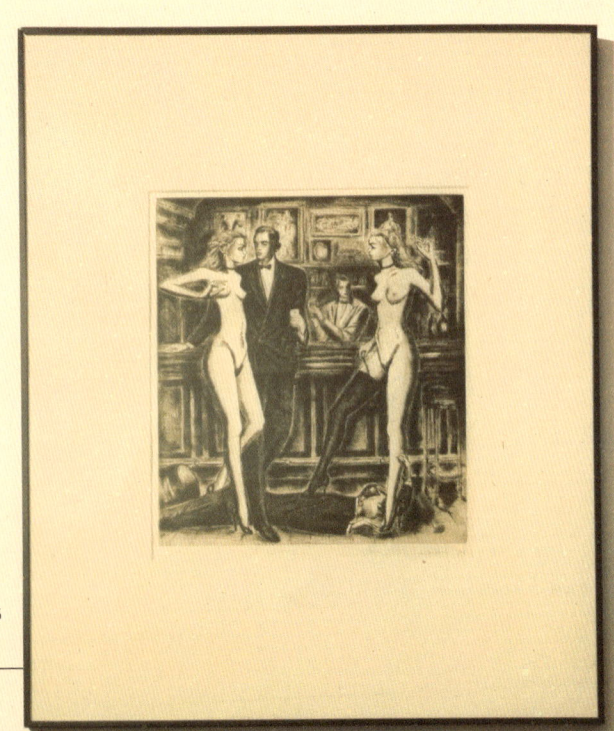
5

女性身体的柔润曲线，无论是赤裸或是身着衣装，我都很喜欢。1.流行画风的这幅是人气画家白根Yutanpo的作品。艺术与性感的绝妙和谐。2.空山基的原作，他钟情于带有情欲感和金属质感的画风。3、4.画师阿部隆一为喜欢的女性定制的画作。截取丝印的插画，夹杂在原画中也很有意思。5.作为International Gallery BEAMS的顾客买下的画家金子国义的原画。6.喜欢的曲线，让卢·谢弗（Jeanloup Sieff）的原创作品。7.摄影巨匠罗伯特·梅普尔索普（Robert Mapplethorpe）的弟弟爱德华拍摄的，他使用的照相机是哥哥的遗物。8、9.活跃在20世纪40—60年代的*VOGUE*的摄影师霍斯特·P.霍斯特（Horst P.Horst）的原创作品。挂在最好的位置——玄关门厅墙上。9是第二次世界大战开始那天拍摄的名为"紧身胸衣"的有名作品，其中还有关于离开巴黎的一段逸事。

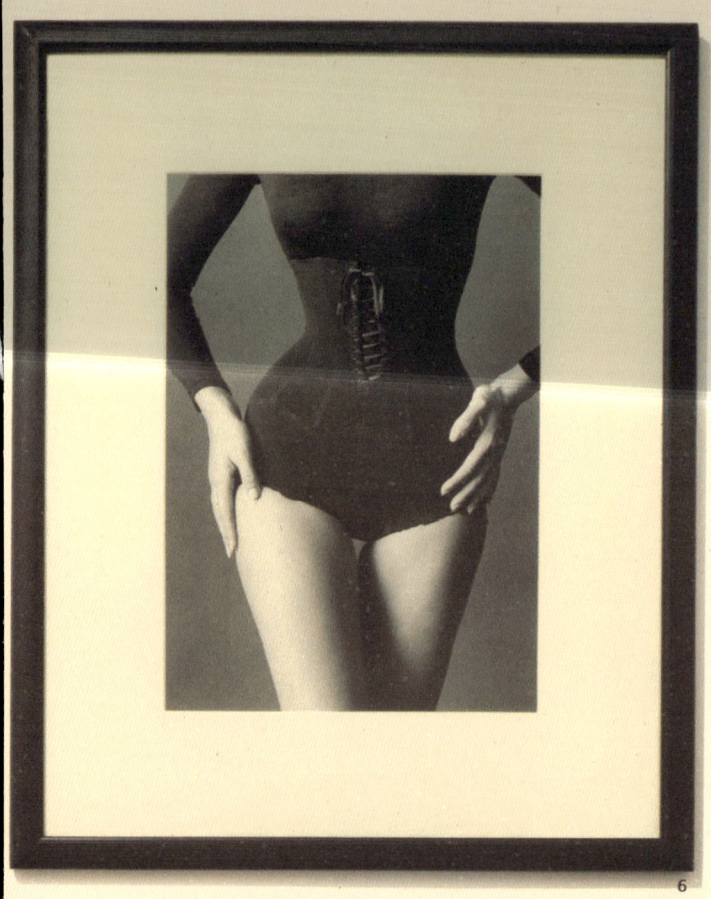

6

7

8

9

1.嵌在罐装啤酒上,易拉罐就变成了扎啤杯。端在手里时手指碰到的地方会令人会心一笑。在夏威夷的ABC store购买。2.拿起来胸部有机关,会晃动。我喜欢的东西要有可爱之处,而不仅是色情。3.战争的头盔、和平的标记和女性身体融合,其中包含这样的信息:"爱情胜于战争!"这是在L.A.的古着店,求店家转让给我的。4.现已成名的艺术家荒木博志年轻时制作的萨克斯,作为大型道具使用。5.跟朋友聊起伦敦咖啡店摆放着这样的椅子,纪念日时就收到了这个当礼物。6.山下信一制作的手办,精致得令人吃惊。如果用放大镜甚至能看到眼球里的毛细血管。7.极端夸大的人物摆件十分有魅力。8.左边是在跳蚤市场发现的开瓶器,右边是别人送我的裁纸刀。9.在泰国一见钟情的佛像。因为很重,拿回来费了不少力气。10、11.空山基的立体作品。10是全世界仅五件的稀有品。

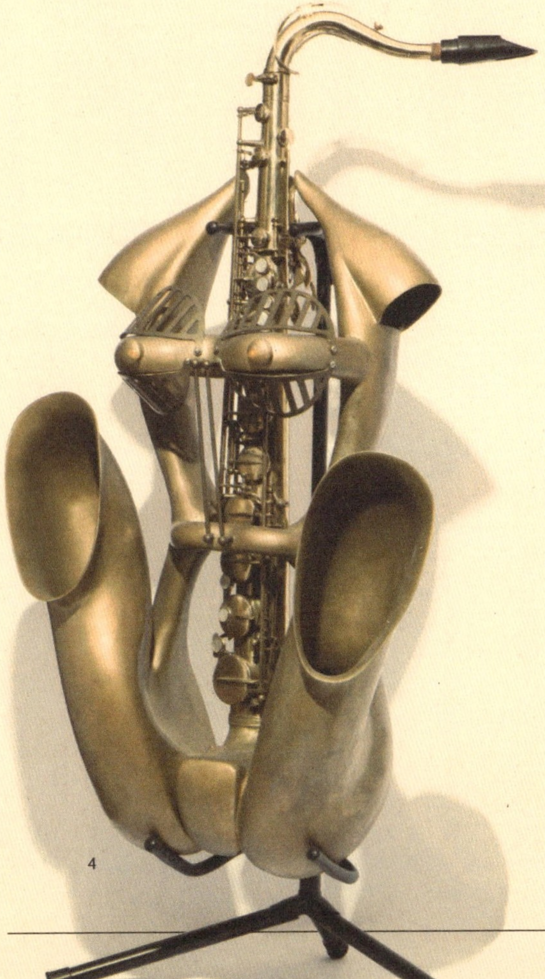

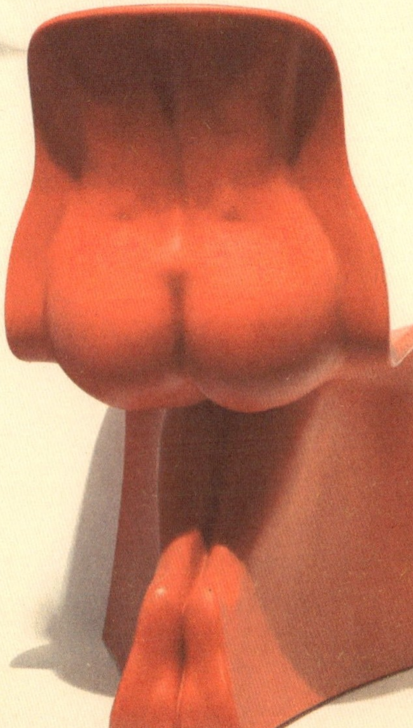

1. 在卖亚洲佛像等物品的店里买到的。手的姿态很优美。2. 朋友想扔掉的椅子。被它优雅的曲线所吸引，让他送给我了。3、4、5、6. 与吉他的渊源是从初中开始的。15岁时非常想要GIBSON吉他，记得当时没钱买，就用垫板做成拨片，贴在便宜的吉他上。长大成人后买的图3中的吉他，积累了多年的回忆。7. 尤克里里是小学时买的，当时没买吉他买了这件乐器代替。8. 最满意的一次冲动购物，简洁设计的玻璃珍品是在北欧买的。带进飞机，小心抱了回来。9. 在上海发现的古漆器，觉得"集齐的话就会变成一幅画"，和朋友找了集装箱，跟家具一起买了好多。10. Christian Louboutin的香槟杯，用高跟鞋形状的玻璃杯喝香槟，喝酒时能感觉到恋物情结。11. 意大利生产的玻璃摆件和底座，时尚的配色和灵活的曲线是其亮点。12. 乔尔·都铎（Joel Tudor）做造型设计的冲浪板。除了形状，还被漆色的曲线所吸引。

BEAMS
ビームス

1976年名为"AMERICAN LIFE SHOP BEAMS"的买手店于原宿开业，经营范围包括日本国内外原创时装、杂货、家居用品乃至咖啡、唱片、艺术品等，涉及生活诸多方面。至今旗下已有BEAMS、BEAMS PLUS、BEAMS T、International Gallery BEAMS、BEAMS F、Ray BEAMS、BEAMS BOY、Demi-Luxe BEAMS、BEAMS LIGHTS、fennica、bPr BEAMS、B印 YOSHIDA、BEAMS GOLF、B:MING LIFE STORE等二十多个品牌，店铺遍及日本全国的同时，也开拓了中国、泰国等海外市场。

www.beams.co.jp

Photographers

濱田 晋
P002-017, 034-041, 050-065, 108-115, 140-147, 182-189, 204-209, 220-227, 236-251, 268-273, 340-355, 380-387, 396-403, 412-423

野呂美帆
P042-049, 072-077, 100-107, 212-219, 228-235, 316-323

松岡一哲
P080-091, 150-157, 284-291, 300-307, 364-371

上原朋也
P066-071, 092-099, 124-131, 372-379

山本あゆみ
P018-033, 116-123, 190-197

熊木 優
P132-139, 252-259, 388-395

渡邉一生
P276-283, 292-299, 308-315, 324-339

折田茂樹
P174-181, 198-203

対馬一宏 (TONE TONE)
P158-165

木下由貴
P404-411

ALLEN TEI
P166-173, 356-363

Supang Jintasaereewong
(Data & Communique Express Co., Ltd.)
P260-267

村本祥一
P425-463

佐藤寿樹
P464-469

Illustrator

そで山かほ子
P425-469

Writers

安倍真弓
P276-283, 292-299, 308-315, 324-339

箕岡智子
P174-181, 198-203

武部敬俊
(THISIS(NOT)MAGAZINE/LIVERARY)
P158-165

堀尾真理
P404-411

ALLEN TEI
P166-173, 356-363

中西哉恵
(Data & Communique Express Co., Ltd.)
P260-267

藤井志織
P464-469

Editors

藤定修一 (宝島社)
大山ゆかり
大澤佑介
林 里佐子
吉川海斗
須藤 貢
渡部えりな
梶 いずみ
源 さち恵
(RCKT/Rocket Company*)

Art Director

峯崎ノリテル ((STUDIO))

Designer

正能幸介 ((STUDIO))

DTP

水谷イタル

BEAMS AT HOME 2 by BEAMS Co.,Ltd.
Copyright © by BEAMS Co.,Ltd..2015
Original Japanese edition published by Takarajimasha, Inc.
Simplified Chinese translation rights arranged with Takarajimasha,Inc.
through East West Culture & Media Co., Ltd., Tokyo Japan
Simplified Chinese translation rights © 2022 by New Star Press Co., Ltd.,Beijing China

图书在版编目（CIP）数据

BEAMS AT HOME. 2, 理想之家 / 日本 BEAMS 著；郑晓蕾译
.—— 北京：新星出版社，2022.5
ISBN 978-7-5133-4709-9

Ⅰ．①B… Ⅱ．①日… ②郑… Ⅲ．①生活方式－日本－通俗读物 Ⅳ．①D731.383-49

中国版本图书馆 CIP 数据核字（2021）第 251105 号

BEAMS AT HOME 2 理想之家

[日] BEAMS 著 郑晓蕾 译

策划编辑：东　洋
责任编辑：李夷白
责任校对：刘　义
责任印制：李珊珊
装帧设计：@broussaille 私制

出版发行：新星出版社
出 版 人：马汝军
社　　址：北京市西城区车公庄大街丙3号楼　100044
网　　址：www.newstarpress.com
电　　话：010-88310888
传　　真：010-65270449
法律顾问：北京市岳成律师事务所

读者服务：010-88310811　service@newstarpress.com
邮购地址：北京市西城区车公庄大街丙3号楼　100044

印　刷：北京美图印务有限公司
开　本：790mm×1000mm　1/16
印　张：30
字　数：112千字
版　次：2022年5月第一版　2022年5月第一次印刷
书　号：ISBN 978-7-5133-4709-9
定　价：158.00元

版权专有，侵权必究；如有质量问题，请与印刷厂联系调换。